甘肃经济普查年鉴

Gansu Economic Census Yearbook 2018

第二产业卷|下

甘肃省第四次全国经济普查领导小组办公室　编著

中国统计出版社
China Statistics Press

图书在版编目（CIP）数据

甘肃经济普查年鉴. 2018. 第二产业卷. 下 / 甘肃省第四次全国经济普查领导小组办公室编著. -- 北京 : 中国统计出版社, 2020.12
ISBN 978-7-5037-9369-1

Ⅰ. ①甘… Ⅱ. ①甘… Ⅲ. ①经济－普查－甘肃－2018－年鉴②第二产业－经济－普查－甘肃－2018－年鉴 Ⅳ. ①F127.42-54②F427.42-54

中国版本图书馆 CIP 数据核字(2020)第 217702 号

甘肃经济普查年鉴—2018/第二产业卷（下）

作　　者/甘肃省第四次全国经济普查领导小组办公室
责任编辑/冯燕玲
封面设计/黄俊杰　李雪燕
出版发行/中国统计出版社
通信地址/北京市丰台区西三环南路甲 6 号　邮政编码/100073
电　　话/邮购（010）63376909　书店（010）68783171
网　　址/http://www.zgtjcbs.com/
印　　刷/河北鑫兆源印刷有限公司
经　　销/新华书店
开　　本/880mm×1230mm　1/16
字　　数/392 千字
印　　张/12.5
版　　别/2020 年 12 月第 1 版
版　　次/2020 年 12 月第 1 次印刷
定　　价/780.00 元（全四册附光盘）

本书附同版本 CD-ROM 一张，光盘内容以书面文字为准。
如有印装差错，由本社发行部调换。

《第二产业卷（下）》编辑委员会

第一篇　规模以上工业企业科技情况篇

主　　编：张爱玲

副 主 编：王丽娟

编辑人员：王丽娟　储 海　马三稳　朱盈盈

数据处理：王丽娟

校　　对：王丽娟

第二篇　建筑业企业生产经营及财务状况篇

主　　编：黄　鹏

副 主 编：路　阳　尹志雄　谭志红

编辑人员：李　艳　党　芝　伏永红　于梦楠

数据处理：李　艳

校　　对：黄　鹏　路　阳　李　艳

编者说明

为便于社会各界共同分享甘肃省第四次全国经济普查成果，更方便地开发利用普查资料，现将经济普查资料编辑整理，汇编成《甘肃经济普查年鉴—2018》一书。全书共三卷四册，即综合卷、第二产业卷和第三产业卷，并随书配送同版本光盘一张。《综合卷》分三篇：第一篇为“综合篇”，第二篇为“企业篇”，第三篇为“文化及相关产业篇”。《第二产业卷》按内容分为上、下两册。上册两篇：第一篇为“工业企业生产经营及财务状况篇”，第二篇为“主要工业产品产量篇”。下册两篇：第一篇为“规模以上工业企业科技情况篇”，第二篇为“建筑业企业生产经营及账务状况篇”。《第三产业卷》分六篇：第一篇为“批发和零售业企业基本情况及财务状况篇”，第二篇为“住宿和餐饮业企业基本情况及财务状况篇”，第三篇为“房地产开发经营业生产经营及财务状况篇”，第四篇为“服务业企业财务状况篇”，第五篇为“服务业行政事业及非企业法人单位篇”，第六篇为“企业信息化和电子商务交易情况篇”。为使读者能够更好地使用本资料，现对有关问题做如下说明：

一、第四次全国经济普查的标准时点为2018年12月31日，时期资料为2018年度；

二、综合卷中综合篇和企业篇汇总表，均不包含少量无分组标识的单位数据，其中单位数包含兼营二、三产业的农、林、牧、渔业法人单位，从业人员数不包含兼营二、三产业的农、林、牧、渔业法人单位，不包含人民银行、银保监会、证监会监管的金融业以及铁路运输部门单位数据；

三、本资料建筑业按法人单位注册地，其他行业按法人单位经营地进行汇总；

四、本资料对部分数据由于计量单位取舍不同或四舍五入而产生的误差数均未作机械调整；

五、表中空格表示该项统计指标数值为零、不足最小单位、数据不详或无该项数据，“#”表示其中的主要项；

六、为了更准确地使用本年鉴，每卷后附有该卷详细的指标解释。

我们希望此书的面世，能使社会各界对甘肃省第四次全国经济普查有一个全面的了解，更愿本书的内容，能为社会经济研究工作者提供有价值的参考。

甘肃省第四次全国经济普查资料是全省普查工作者共同辛勤工作的成果，也是广大普查对象积极支持配合的结果。在此，我们向全省所有普查工作者、普查对象和所有参与和支持普查工作的人员致以崇高的敬意和衷心的感谢！

甘肃省第四次全国经济普查领导小组办公室

2020年7月

第二产业卷（下） 目录

第一篇 规模以上工业企业科技情况篇

第二篇　建筑业企业生产经营及财务状况篇

附　录

第1篇

规模以上工业企业科技情况篇

A. 企业R&D及相关活动主要指标

1-A-1 企业R&D及相关活动主要指标

主要指标	单位	总计	大型	中型	小微型
基本情况					
有R&D活动的企业	个	330	28	57	245
有研发机构的企业	个	127	21	15	91
有新产品销售的企业	个	193	15	41	137
R&D人员情况					
R&D人员合计	人	13861	5740	2533	5588
#女性	人	3077	1292	633	1152
#研究人员	人	5615	2909	826	1880
#全时人员	人	9375	3760	1645	3970
R&D人员折合全时当量	人年	8026	3363	1314	3349
R&D经费情况					
R&D经费内部支出	万元	476151.3	272200.1	65437.0	138514.2
按支出用途分					
1.日常性支出	万元	398910.5	229330.5	50927.6	118652.4
#人员劳务费	万元	88714.9	43665.8	11832.8	33216.3
2.资产性支出	万元	77240.8	42869.6	14509.4	19861.8
#仪器和设备	万元	75806.6	41781.8	14455.4	19569.4
按资金来源分					
政府资金	万元	45452.3	4220.4	3495.1	37736.8
企业资金	万元	429493.9	267576.0	61553.3	100364.6
国外资金	万元	66.4	4.5		61.9
其他资金	万元	1138.7	399.2	388.6	350.9
R&D经费外部支出	万元	16866.8	8713.6	3840.3	4312.9
#对境内研究机构支出	万元	7143.8	3527.1	2580.0	1036.7
对境内高等学校支出	万元	2402.7	768.9	447.6	1186.2
对境内企业支出	万元	6785.2	4404.8	812.7	1567.7
对境外支出	万元	535.1	12.8		522.3
R&D项目情况					
项目数	项	1305.0	530.0	212.0	563.0
参加项目人员	人	12563.0	5262.0	2265.0	5036.0
项目人员折合全时当量	人年	7309.0	3082.0	1179.0	3048.0
项目经费内部支出	万元	423417.9	237303.5	62849.9	123264.5

1-A-1　续表

主要指标	单位	总计	大型	中型	小微型
企业办研发机构情况					
机构数	个	190	51	24	115
机构人员数	人	12212	8307	906	2999
#博士	人	203	110	29	64
硕士	人	1756	1442	38	276
机构经费支出	万元	172059.9	106175.8	7443.4	58440.7
仪器和设备原价	万元	241381.9	187530.9	11657.6	42193.4
#进口	万元	44211.2	40301.5	1237.7	2672
新产品开发及生产情况					
新产品开发项目数	项	1279	468	275	536
新产品开发经费支出	万元	456614.8	296229.8	69472.0	90913
新产品销售收入	万元	2751331.1	1676925.5	590476.6	483929
#新产品出口	万元	713180.8	688454.4	12662.8	12063.6
自主知识产权及相关情况					
专利申请数	件	3342	1668	523	1151
#发明专利	件	1207	554	146	507
有效发明专利数	件	3208	1271	478	1459
#境外授权	件	47	46		1
拥有注册商标数	件	1532	745	394	393
#境外注册	件	45	42	2	1
形成国家或行业标准数	项	135	57	16	62
政府相关政策落实情况					
来自政府部门的研究开发经费	万元	49739.6	4576.5	3297.2	41865.9
研究开发费用加计扣除减免税	万元	9793.2	6969.7	1684.3	1139.2
高新技术企业减免税	万元	21624.0	7397.8	3575.3	10650.9
技术获取和技术改造情况					
引进技术经费支出	万元	190.3	156.2	4.1	30
消化吸收经费支出	万元				
购买国内技术经费支出	万元	7736.6	7248.6	42.4	445.6
技术改造经费支出	万元	418408.5	369131.7	24118.5	25158.3

1-A-2　分登记注册类型企业R&D

主要指标	单位	内资企业	国有企业	集体企业
基本情况				
有R&D活动的企业	个	324	6	
有研发机构的企业	个	126	2	
有新产品销售的企业	个	190	3	
R&D人员情况				
R&D人员合计	人	13693	557	
#女性	人	3059	78	
#研究人员	人	5532	170	
#全时人员	人	9229	381	
R&D人员折合全时当量	人年	7899	211	
R&D经费情况				
R&D经费内部支出	万元	469600.0	4564.9	
按支出用途分				
1.日常性支出	万元	392362.7	3863.5	
#人员劳务费	万元	87116.1	1696.3	
2.资产性支出	万元	77237.3	701.4	
#仪器和设备	万元	75803.1	700.9	
按资金来源分				
政府资金	万元	45389.5	1459.1	
企业资金	万元	423005.4	2884.4	
国外资金	万元	66.4		
其他资金	万元	1138.7	221.4	
R&D经费外部支出	万元	16358.5	822.2	
#对境内研究机构支出	万元	7143.8	494.7	
对境内高等学校支出	万元	2397.7	126.5	
对境内企业支出	万元	6785.2	193.5	
对境外支出	万元	31.8	7.5	
R&D项目情况				
项目数	项	1286	59	
参加项目人员	人	12406	522	
项目人员折合全时当量	人年	7191	190	
项目经费内部支出	万元	416866.7	3934.1	

及相关活动主要指标

股份合作企业	联营企业	有限责任公司	股份有限公司	私营企业	其他企业	港澳台商投资企业	外　商投资企业
		140	47	131		1	5
		44	21	59			1
		80	28	79			3
		6716	4141	2279		33	135
		1442	981	558		1	17
		2938	1881	543		12	71
		4752	2674	1422		30	116
		4489	2129	1069		4	123
		255297.2	156277.0	53460.9		1425.1	5126.2
		230446.0	115140.6	42912.6		1425.1	5122.7
		45166.6	30512.4	9740.8		248.3	1350.5
		24851.2	41136.4	10548.3			3.5
		24437.6	40288.1	10376.5			3.5
		39242.4	3290.9	1397.1			62.8
		215137.8	152961.0	52022.2		1425.1	5063.4
		20.3	4.5	41.6			
		896.7	20.6				
		9136.4	4106.2	2293.7			508.3
		3623.9	1557.8	1467.4			
		1357.0	370.8	543.4			5.0
		4153.5	2172.3	265.9			
		2.0	5.3	17.0			503.3
		510	446	271		6	13
		6068	3791	2025		32	125
		4096	1950	954		4	114
		235225.4	125887.1	51820.1		1425.1	5126.1

1-A-2 续表

主要指标	单位	内资企业	国有企业	集体企业
企业办研发机构情况				
机构数	个	189	3	
机构人员数	人	12182	1835	
#博士	人	202	18	
硕士	人	1754	241	
机构经费支出	万元	171984.9	70.0	
仪器和设备原价	万元	241191.9	3722.5	
#进口	万元	44211.2	979.9	
新产品开发及生产情况				
新产品开发项目数	项	1260	17	
新产品开发经费支出	万元	449940.2	1207.6	
新产品销售收入	万元	2702406.8	72736.3	
#新产品出口	万元	713180.8		
自主知识产权及相关情况				
专利申请数	件	3296	85	
#发明专利	件	1197	55	
有效发明专利数	件	3192	54	
#境外授权	件	47	4	
拥有注册商标数	件	1510	2	
#境外注册	件	45		
形成国家或行业标准数	项	135		
政府相关政策落实情况				
来自政府部门的研究开发经费	万元	49608.8	20.0	
研究开发费用加计扣除减免税	万元	9793.2	30.1	
高新技术企业减免税	万元	20689.4	59.4	
技术获取和技术改造情况				
引进技术经费支出	万元	190.3		
消化吸收经费支出	万元			
购买国内技术经费支出	万元	7736.6		
技术改造经费支出	万元	417941.0	237.2	

股份合作企业	联营企业	有限责任公司	股份有限公司	私营企业	其他企业	港澳台商投资企业	外商投资企业
		65	57	64			1
		4445	4807	1095			30
		57	82	45			1
		680	760	73			2
		91486.4	67811.7	12616.8			75.0
		95247.2	124349.1	17873.1			190.0
		14097.6	27202.9	1930.8			
		537	420	286		1	18
		265361.3	128813.5	54557.8		90.1	6584.5
		1083741.1	1329172.6	216756.8			48924.3
		13673.6	694303.2	5204.0			
		1635	1021	555		2	44
		638	315	189		1	9
		1543	1057	538		2	14
		7	36				
		373	802	333			22
			44	1			
		66	37	32			
		44696.5	3640.7	1251.6		68.0	62.8
		4570.2	4138.0	1054.9			
		10371.3	8022.2	2236.5			934.6
		156.2	30.0	4.1			
		6980.8	350.0	405.8			
		53739.7	358878.4	5085.7			467.5

1-A-3 制造业企业R&D

主要指标	单位	制造业合计	农副食品加工业	食品制造业	酒、饮料和精制茶制造业	烟草制品业	纺织业
基本情况							
有R&D活动的企业	个	302	57	18	9	1	1
有研发机构的企业	个	120	30	4	4	1	1
有新产品销售的企业	个	191	41	7	6		2
R&D人员情况							
R&D人员合计	人	12582	742	284	128	62	15
#女性	人	2908	116	97	29	25	14
#研究人员	人	5203	223	73	58	34	9
#全时人员	人	8479	455	177	94	42	14
R&D人员折合全时当量	人年	7350	466	91	56	36	11
R&D经费情况							
R&D经费内部支出	万元	458445.0	19450.0	6025.9	6417.8	2164.8	172.8
按支出用途分							
1.日常性支出	万元	381898.2	16405.6	5132.5	6000.9	2096.0	172.8
#人员劳务费	万元	83189.2	3641.2	1463.1	552.9	1548.3	29.3
2.资产性支出	万元	76546.8	3044.4	893.4	416.9	68.8	
#仪器和设备	万元	75156.4	3007.2	863.4	383.4	68.8	
按资金来源分							
政府资金	万元	43841.6	176.8	121.9	158.8		5.6
企业资金	万元	413619.7	19273.2	5904.0	6259.0	2164.8	167.2
国外资金	万元	66.4					
其他资金	万元	917.3					
R&D经费外部支出	万元	13248.6	1071.3	208.7	81.6	51.4	
#对境内研究机构支出	万元	5108.5	280.0	177.6	23.2	51.4	
对境内高等学校支出	万元	2096.5	239.5	25.2	58.4		
对境内企业支出	万元	5532.5	47.5	5.9			
对境外支出	万元	511.1	504.3				
R&D项目情况							
项目数	项	1215	82	27	12	7	1
参加项目人员	人	11418	660	246	107	58	10
项目人员折合全时当量	人年	6702	420	75	47	34	7
项目经费内部支出	万元	407538.5	18930.0	5766.0	6031.1	2164.9	33.8

及相关活动主要指标

纺　织服装、服饰业	皮革、毛皮、羽毛及其制品和制鞋业	木材加工和木、竹、藤、棕、草制品业	家　具制造业	造纸及纸制品业	印刷和记录媒介复制业	文教、工美、体育和娱乐用品制造业	石油、煤炭及其他燃料加工业	化学原料和化学制品制造业	医　药制造业
			2	1		1	7	28	40
			1				3	6	14
	1		1				3	16	21
			44	7		17	802	752	1466
			7	1		6	117	180	577
			12	2		10	202	291	554
			35	6		15	544	477	998
			40	1		13	535	436	1049
			226.7	698.0		373.0	10018.5	24750.0	34608.3
			198.7	398.0		253.0	8948.1	21630.6	31359.3
			109.9	28.5		166.3	5365.1	4525.1	8757.9
			28.0	300.0		120.0	1070.4	3119.4	3249.0
			28.0	300.0		120.0	1063.4	2905.0	3217.4
			3.0				163.2	4530.6	1144.8
			223.7	698.0		373.0	9787.0	20219.4	33421.9
									41.6
							68.3		
			8.3			40.0	180.0	743.3	2115.8
			5.3				13.7	62.9	1646.3
			1.5			40.0	18.0	624.4	248.9
			1.0				143.0	56.0	220.6
			0.5				5.3		
			4	1		1	92	95	135
			40	5		14	759	637	1355
			36	1		10	496	370	965
			226.7	698.0		254.6	9329.8	19959.0	34057.2

1-A-3 续表 1

主要指标	单位	制造业合计	农副食品加工业	食品制造业	酒、饮料和精制茶制造业	烟草制品业	纺织业
企业办研发机构情况							
机构数	个	182	32	4	6	1	1
机构人员数	人	9974	340	48	176	74	58
#博士	人	184	20	3	7	8	
硕士	人	1510	40	5	40	34	7
机构经费支出	万元	166942.3	7537.1	796.9	1182.3	4104.0	20.5
仪器和设备原价	万元	234334.5	7884.6	1906.8	3350.7	7265.3	313.1
#进口	万元	43231.3	306.5		360.0	7080.5	214.5
新产品开发及生产情况							
新产品开发项目数	项	1244	94	34	15	1	6
新产品开发经费支出	万元	453024.1	16834.3	5257.1	5726.4	14.3	930.0
新产品销售收入	万元	2738508.6	69256.3	6477.2	35053.8		10898.6
#新产品出口	万元	713180.8	8803.1				3816.0
自主知识产权及相关情况							
专利申请数	件	3194	162	83	73	11	10
#发明专利	件	1137	61	19	8	3	2
有效发明专利数	件	3133	94	78	25	6	7
#境外授权	件	43					
拥有注册商标数	件	1531	73	176	252	137	1
#境外注册	件	45		2			
形成国家或行业标准数	项	134	13	3		2	
政府相关政策落实情况							
来自政府部门的研究开发经费	万元	49671.0	344.3	121.7	36.8		5.6
研究开发费用加计扣除减免税	万元	9184.2	16.0				
高新技术企业减免税	万元	21618.4	79.2	12.8			
技术获取和技术改造情况							
引进技术经费支出	万元	190.3					
消化吸收经费支出	万元						
购买国内技术经费支出	万元	7736.6	18.9				
技术改造经费支出	万元	403092.0	1208.2	671.6	417.0		492.0

纺织服装、服饰业	皮革、毛皮、羽毛及其制品和制鞋业	木材加工和木、竹、藤、棕、草制品业	家具制造业	造纸及纸制品业	印刷和记录媒介复制业	文教、工美、体育和娱乐用品制造业	石油、煤炭及其他燃料加工业	化学原料和化学制品制造业	医药制造业
			1				4	6	16
			7				457	56	517
			2				4	7	24
			5				90	5	111
			7.5				13180.3	903.0	23212.9
			7.4				2731.7	1352.3	36411.5
							756.6	228.0	795.0
	3		3		3	1	34	96	158
	81.0		191.1		136.0	373.0	2947.5	13048.5	35224.4
	1000.1		0.2				54092.0	327855.5	262354.4
							1692.0	7794.9	2728.6
	5		9			1	62	168	169
			4			1	17	103	58
	5					2	109	337	208
			5			1	132	46	203
									39
							4	18	16
			3.0				122.4	6005.0	1218.8
							83.5	968.7	945.7
								359.0	177.5
								30.0	156.2
								48.3	6451.5
							3937.6	18885.9	1851.8

1-A-3 续表 2

主要指标	单位	化学纤维制造业	橡胶和塑料制品业	非金属矿物制品业	黑色金属冶炼和压延加工业	有色金属冶炼和压延加工业	金属制品业
基本情况							
有R&D活动的企业	个	2	18	25	6	12	13
有研发机构的企业	个	1	8	9	1	4	6
有新产品销售的企业	个	2	14	8	1	5	9
R&D人员情况							
R&D人员合计	人	25	278	664	416	1918	300
#女性	人	13	38	135	90	399	67
#研究人员	人	13	98	124	210	930	121
#全时人员	人	22	157	339	360	1226	179
R&D人员折合全时当量	人年	7	158	237	259	1088	120
R&D经费情况							
R&D经费内部支出	万元	687.7	7753.6	26070.3	93046.2	89718.3	5456.4
按支出用途分							
1.日常性支出	万元	562.9	6690.9	24629.2	91947.1	51812.6	4660.5
#人员劳务费	万元	151.9	1519.2	5086.3	6369.3	6595.2	1431.3
2.资产性支出	万元	124.8	1062.7	1441.1	1099.1	37905.7	795.9
#仪器和设备	万元	119.3	1036.0	1398.4	1099.1	37092.7	789.2
按资金来源分							
政府资金	万元		366.5	656.0	45.0	820.0	508.6
企业资金	万元	687.7	7387.1	25414.3	93001.2	88893.8	4947.8
国外资金	万元					4.5	
其他资金	万元						
R&D经费外部支出	万元	103.7	30.2	862.8	2676.6	2226.1	83.5
#对境内研究机构支出	万元	31.9	21.2	327.9	314.5	1178.8	26.7
对境内高等学校支出	万元	71.8	3.0	147.5	142.8	128.7	55.6
对境内企业支出	万元		6.0	387.4	2219.3	918.6	1.2
对境外支出	万元						
R&D项目情况							
项目数	项	3	57	60	65	235	28
参加项目人员	人	21	254	560	402	1686	261
项目人员折合全时当量	人年	6	145	198	252	971	98
项目经费内部支出	万元	457.0	7386.8	25780.8	92042.3	87097.4	4203.0

通用设备制造业	专用设备制造业	汽车制造业	铁路、船舶、航空航天和其他运输设备制造业	电气机械和器材制造业	计算机、通信和其他电子设备制造业	仪器仪表制造业	其他制造业	废弃资源综合利用业	金属制品、机械和设备修理业
13	17	3	3	11	5	3	1	2	3
2	8	2	3	6	3	1	1		1
13	11	2	4	15	5			2	2
515	958	47	207	701	898	85	931	40	280
85	225	3	74	202	206	22	149	7	24
224	408	21	117	377	479	40	427	18	128
361	733	43	180	501	561	73	829	12	46
247	462	37	166	378	288	16	889	37	226
6525.1	10158.7	337.6	2219.2	12202.3	49569.4	5629.3	36730.1	1652.7	5782.3
6269.8	8605.0	337.6	1989.4	11640.2	35985.2	5111.3	31668.7	1610.0	5782.3
1532.0	2852.1	80.0	760.4	2948.9	13250.0	941.6	11329.6	483.2	1670.6
255.3	1553.7		229.8	562.1	13584.2	518.0	5061.4	42.7	
246.3	1550.7		229.5	487.3	13547.2	500.0	5061.4	42.7	
131.2	1505.4	62.8	1641.0	2105.0	462.0	209.3	28818.1	68.0	138.0
6393.9	8612.4	274.8	469.3	9698.1	48787.1	5420.0	7912.0	1584.7	5644.3
	20.3								
	20.6		108.9	399.2	320.3				
65.4	356.8	3.4	1.0	1078.9	255.9	1000.0		3.9	
	282.9	0.2		664.0					
40.8	15.7	0.2		234.5					
24.6	58.2	3.0		180.4	255.9	1000.0		3.9	
			1.0						
43	90	7	13	73	57	5	2	7	13
476	858	44	188	657	829	76	926	38	251
225	410	34	151	351	263	15	884	35	202
5611.5	7829.3	310.4	2217.9	10237.7	24276.6	5611.3	31700.2	1609.8	3715.4

1-A-3 续表 3

主要指标	单位	化学纤维制造业	橡胶和塑料制品业	非金属矿物制品业	黑色金属冶炼和压延加工业	有色金属冶炼和压延加工业	金属制品业
企业办研发机构情况							
机构数	个	3	10	12	6	18	12
机构人员数	人	35	168	330	165	3059	294
#博士	人	6	3	6	4	50	6
硕士	人	4	12	9	46	558	8
机构经费支出	万元	120.3	1720.7	18660.0	5840.0	13665.6	2761.4
仪器和设备原价	万元	68.9	1507.2	9550.0	6638.5	44836.8	4962.5
#进口	万元		806.0	345.0	1365.0		100.6
新产品开发及生产情况							
新产品开发项目数	项	3	47	45	74	195	55
新产品开发经费支出	万元	691.4	7281.3	21243.8	149064.4	62477.7	8357.8
新产品销售收入	万元	5029.1	36221.6	284074.3	137367.8	279766.1	103962.1
#新产品出口	万元	867.1		196073.5		7480.0	1834.4
自主知识产权及相关情况							
专利申请数	件	3	90	63	456	787	147
#发明专利	件	3	28	22	140	211	37
有效发明专利数	件	41	146	70	158	514	98
#境外授权	件						
拥有注册商标数	件	4	16	5	1	161	31
#境外注册	件					2	
形成国家或行业标准数	项		5	3	1	20	9
政府相关政策落实情况							
来自政府部门的研究开发经费	万元		355.8	627.3	45.0	357.3	821.9
研究开发费用加计扣除减免税	万元		87.7	110.0	1242.7	1520.1	362.2
高新技术企业减免税	万元		332.9	1.4		395.3	1284.3
技术获取和技术改造情况							
引进技术经费支出	万元						
消化吸收经费支出	万元						
购买国内技术经费支出	万元		341.8	8.0	471.7	350.0	20.0
技术改造经费支出	万元		244.9	1303.9	8793.3	357319.4	902.1

通用设备制造业	专用设备制造业	汽车制造业	铁路、船舶、航空航天和其他运输设备制造业	电气机械和器材制造业	计算机、通信和其他电子设备制造业	仪器仪表制造业	其他制造业	废弃资源综合利用业	金属制品、机械和设备修理业
2	20	2	5	13	5	1	1		1
223	1056	35	304	681	774	20	1073		24
1	6	1		10	9	3	4		
17	285	3	60	17	51	3	99		1
1215.0	8921.3	80.0	5871.3	5951.9	18802.6	697.0	31668.7		22.0
10091.9	31485.9	192.6	2046.2	10494.4	42911.5	400.0	6800.7		1124.0
208.6	1603.6		225.9	2841.2	25994.3				
56	119	12	8	76	75	6	1	12	12
9697.7	11480.5	1638.9	8361.2	20216.7	57825.6	5681.3	403.1	2102.1	5737.0
122665.0	110141.9	2528.2	37515.3	137925.9	657664.9			1023.8	55634.5
2930.9	1412.7			626.5	477121.1				
105	229	13	57	174	120	10	136	19	32
33	88	7	49	35	67	4	120	4	13
107	221	9	52	185	185	13	399	26	38
	8				35				
50	175	1	1	30	14	13		3	
1					1				
5	20			7	2		5	1	
201.2	2875.8	62.8	4588.4	2260.5	462.0	209.3	28818.1	128.0	
9.4	497.4			819.5	2091.3	35.7			394.3
1007.9	1608.2	81.3	9049.5	603.4	6363.3	50.2			212.2
	4.1								
	26.4								
15.0	1861.2		3037.8	1957.1	115.0	10.2		68.0	

1-A-4 分地区企业R&D

主要指标	单位	兰 州	嘉峪关	金 昌	白 银	天 水
基本情况						
有R&D活动的企业	个	68	4	6	26	18
有研发机构的企业	个	28	3	2	11	11
有新产品销售的企业	个	51	4	6	19	18
R&D人员情况						
R&D人员合计	人	3660	414	888	1541	1814
#女性	人	1027	95	177	385	417
#研究人员	人	1557	232	495	589	947
#全时人员	人	2614	330	337	1163	1202
R&D人员折合全时当量	人年	2333	270	465	755	662
R&D经费情况						
R&D经费内部支出	万元	90689.8	93816.8	40719.9	51867.7	64100.0
按支出用途分						
1.日常性支出	万元	86407.1	92184.5	18665.7	34685.9	49836.4
#人员劳务费	万元	23049.6	7033.9	1215.3	6829.5	17387.7
2.资产性支出	万元	4282.7	1632.3	22054.2	17181.8	14263.6
#仪器和设备	万元	4205.4	1632.3	22048.2	16157.6	14177.8
按资金来源分						
政府资金	万元	7592.7	323.0	31.1	3091.2	1471.5
企业资金	万元	82667.9	93493.8	40684.3	48776.5	62209.0
国外资金	万元			4.5		20.3
其他资金	万元	429.2				399.2
R&D经费外部支出	万元	4369.1	3260.7	264.6	3405.5	1380.2
#对境内研究机构支出	万元	2309.0	385.6	116.9	2405.3	954.2
对境内高等学校支出	万元	409.5	142.8	90.6	731.6	267.5
对境内企业支出	万元	1644.3	2732.3	57.1	268.6	158.5
对境外支出	万元	6.3				
R&D项目情况						
项目数	项	345	71	123	155	125
参加项目人员	人	3331	406	758	1391	1685
项目人员折合全时当量	人年	2114	265	387	687	604
项目经费内部支出	万元	86449.0	92621.4	40388.3	45239.4	33317.9

及相关活动主要指标

武 威	张 掖	平 凉	酒 泉	庆 阳	定 西	陇 南	临 夏	甘 南
70	90	2	17	2	12	6	7	2
23	32	1	4	2	5	1	3	1
33	34	3	8	2	8	2	4	1
1350	1426	201	1822	183	293	108	111	50
212	280	19	253	56	95	16	25	20
322	378	95	729	102	74	36	36	23
834	924	160	1343	102	187	69	65	45
749	752	156	1492	143	133	32	58	26
16780.0	43427.3	4760.4	49963.2	1535.4	10529.5	3142.9	4376.7	441.7
14376.4	38035.1	4760.4	44242.5	1388.4	7854.1	3142.9	2926.1	405.0
3901.1	8139.7	1215.2	16188.9	724.1	1715.8	492.1	608.3	213.7
2403.6	5392.2		5720.7	147.0	2675.4		1450.6	36.7
2351.7	5289.7		5688.2	147.0	2652.3		1432.4	24.0
936.1	549.1		29026.0	1459.1	905.5	25.0	42.0	
15823.3	42615.2	4760.4	20868.9	76.3	9624.0	3117.9	4334.7	441.7
	41.6							
20.6	221.4		68.3					
575.2	2214.8	714.7	5.0	378.8		186.5	111.7	
147.8	728.9			49.6			46.5	
179.1	388.2			128.2			65.2	
247.3	577.4	714.7	5.0	193.5		186.5		
1.0	520.3			7.5				
183	145	15	79	15	21	15	11	2
1231	1251	175	1711	161	229	99	101	34
687	667	135	1421	126	116	29	52	18
16076.3	42014.6	3752.5	44362.7	1318.5	10215.4	3142.9	4090.0	429.0

1-A-4 续表

主要指标	单位	兰 州	嘉峪关	金 昌	白 银	天 水
企业办研发机构情况						
机构数	个	38	9	12	21	22
机构人员数	人	3151	226	2528	907	1533
#博士	人	54	6	26	37	22
硕士	人	616	52	464	110	100
机构经费支出	万元	73705.6	6856.6	922.7	16588.2	25994.1
仪器和设备原价	万元	87348.7	7115.8	36122.6	12356.8	59885.9
#进口	万元	10852.0	1365.0	100.6	413.2	28934.5
新产品开发及生产情况						
新产品开发项目数	项	432	88	111	109	159
新产品开发经费支出	万元	101248.7	153377.7	27281.4	21704.5	74357.2
新产品销售收入	万元	986863.5	138297.8	90852.5	457886.3	760766.0
#新产品出口	万元	207854.7		1834.4	12190.1	480678.5
自主知识产权及相关情况						
专利申请数	件	789	483	543	334	265
#发明专利	件	369	148	90	170	88
有效发明专利数	件	855	211	308	440	349
#境外授权	件	11				35
拥有注册商标数	件	662	6	19	310	59
#境外注册	件	41		1	1	2
形成国家或行业标准数	项	46	3	18	9	12
政府相关政策落实情况						
来自政府部门的研究开发经费	万元	12920.3	395.0	161.4	4321.6	1399.0
研究开发费用加计扣除减免税	万元	2035.0	1242.7	831.4	1381.0	2900.7
高新技术企业减免税	万元	12387.0		202.9	548.9	7713.6
技术获取和技术改造情况						
引进技术经费支出	万元	186.2			4.1	
消化吸收经费支出	万元					
购买国内技术经费支出	万元	6426.9	471.7		424.7	20.0
技术改造经费支出	万元	8439.5	6411.5	284756.6	89966.2	2954.9

武 威	张 掖	平 凉	酒 泉	庆 阳	定 西	陇 南	临 夏	甘 南
26	33	1	13	3	6	1	4	1
261	424	58	1247	1533	50	79	188	27
10	21		5	9	1	1	9	2
20	28	7	114	193	6	26	16	4
3032.5	5565.0	20.5	34038.9	308.7	627.5	142.8	3935.6	321.2
3036.9	8042.3	313.1	15320.4	3934.9	1280.5	2211.4	3292.6	1120.0
286.5	600.0	214.5		994.9	450.0			
146	93	8	48	12	35	16	19	3
12081.0	27208.0	261.6	7503.1	846.5	24156.9	445.9	5684.4	457.9
80356.7	130810.4	5249.1	48059.2	8860.6	31583.7	5517.9	6107.4	120.0
7353.5	3269.6							
305	216	15	286	14	55	21	16	
107	59	5	137	4	27		3	
290	137	33	486	22	53	8	13	3
			1					
113	64	21	16	4	5	193	10	50
12	17	1	9	1	5			2
1011.0	199.2		28967.1		218.0		42.0	105.0
155.1	1.1	609.0	65.7		484.2		87.3	
412.7	2.0				187.3		169.6	
350.8	17.9			16.0	8.6			
1102.8	2151.3	15341.0	1959.5	319.0	3458.0	1180.0	368.2	

B. 基本情况

1-B-1 分登记注册类型企业基本情况

单位：个

登记注册类型	有R&D活动的企业	有研发机构的企业	有新产品销售的企业
总　计	**330**	**127**	**193**
内资企业	**324**	**126**	**190**
国有企业	6	2	3
集体企业			
股份合作企业			
联营企业			
集体联营企业			
有限责任公司	140	44	80
国有独资公司	25	10	16
其他有限责任公司	115	34	64
股份有限公司	47	21	28
私营企业	131	59	79
私营独资企业			
私营合伙企业			
私营有限责任公司	122	54	74
私营股份有限公司	9	5	5
其他企业			
港、澳、台商投资企业	**1**		
合资经营企业	1		
合作经营企业			
港、澳、台商独资经营企业			
港、澳、台商投资股份有限公司			
其他港、澳、台投资企业			
外商投资企业	**5**	**1**	**3**
中外合资经营企业	4	1	2
中外合作经营企业			
外资企业	1		1
外商投资股份有限公司			
其他外商投资企业			

1-B-2　分行业企业基本情况

单位：个

行　　业	有R&D活动的企业	有研发机构的企业	有新产品销售的企业
总　计	**330**	**127**	**193**
采矿业	**18**	**6**	**2**
煤炭开采和洗选业	5	3	1
石油和天然气开采业	1	1	
黑色金属矿采选业	3	1	
有色金属矿采选业	5		
非金属矿采选业	4	1	1
开采专业及辅助性活动			
制造业	**302**	**120**	**191**
农副食品加工业	57	30	41
食品制造业	18	4	7
酒、饮料和精制茶制造业	9	4	6
烟草制品业	1	1	
纺织业	1	1	2
纺织服装、服饰业			
皮革、毛皮、羽毛及其制品和制鞋业			1
木材加工和木、竹、藤、棕、草制品业			
家具制造业	2	1	1
造纸和纸制品业	1		
印刷和记录媒介复制业			
文教、工美、体育和娱乐用品制造业	1		
石油、煤炭及其他燃料加工业	7	3	3
化学原料和化学制品制造业	28	6	16
医药制造业	40	14	21
化学纤维制造业	2	1	2
橡胶和塑料制品业	18	8	14
非金属矿物制品业	25	9	8
黑色金属冶炼和压延加工业	6	1	1
有色金属冶炼和压延加工业	12	4	5
金属制品业	13	6	9
通用设备制造业	13	2	13
专用设备制造业	17	8	11
汽车制造业	3	2	2
铁路、船舶、航空航天和其他运输设备制造业	3	3	4
电气机械和器材制造业	11	6	15
计算机、通信和其他电子设备制造业	5	3	5
仪器仪表制造业	3	1	
其他制造业	1	1	
废弃资源综合利用业	2		2
金属制品、机械和设备修理业	3	1	2
电力、热力、燃气及水生产和供应业	**10**	**1**	
电力、热力生产和供应业	10	1	
燃气生产和供应业			
水的生产和供应业			

1-B-3 各地区企业基本情况

单位：个

地　区	有R&D活动的企业	有研发机构的企业	有新产品销售的企业
全　省	**330**	**127**	**193**
兰　州	68	28	51
嘉峪关	4	3	4
金　昌	6	2	6
白　银	26	11	19
天　水	18	11	18
武　威	70	23	33
张　掖	90	32	34
平　凉	2	1	3
酒　泉	17	4	8
庆　阳	2	2	2
定　西	12	5	8
陇　南	6	1	2
临　夏	7	3	4
甘　南	2	1	1

C. 企业R&D人员情况

1-C-1　分登记注册类型企业R&D人员情况

登记注册类型	R&D人员合计(人)	#女性	#研究人员	#全时人员	R&D人员折合全时当量(人年)
总　计	**13861**	**3077**	**5615**	**9375**	**8026**
内资企业	**13693**	**3059**	**5532**	**9229**	**7899**
国有企业	557	78	170	381	211
集体企业					
股份合作企业					
联营企业					
国有联营企业					
集体联营企业					
国有与集体联营企业					
其他联营企业					
有限责任公司	6716	1442	2938	4752	4489
国有独资公司	2871	604	1325	2111	2197
其他有限责任公司	3845	838	1613	2641	2293
股份有限公司	4141	981	1881	2674	2129
私营企业	2279	558	543	1422	1069
私营独资企业					
私营合伙企业					
私营有限责任公司	2057	487	482	1297	928
私营股份有限公司	222	71	61	125	141
其他企业					
港、澳、台商投资企业	**33**	**1**	**12**	**30**	**4**
合资经营企业	33	1	12	30	4
合作经营企业					
港、澳、台商独资经营企业					
港、澳、台商投资股份有限公司					
其他港、澳、台投资企业					
外商投资企业	**135**	**17**	**71**	**116**	**123**
中外合资经营企业	122	14	64	108	115
中外合作经营企业					
外资企业	13	3	7	8	8
外商投资股份有限公司					
其他外商投资企业					

1-C-2 分行业企业R&D人员情况

行业	R&D人员合计(人)	#女性	#研究人员	#全时人员	R&D人员折合全时当量(人年)
总计	**13861**	**3077**	**5615**	**9375**	**8026**
采矿业	**1093**	**137**	**332**	**746**	**624**
煤炭开采和洗选业	538	52	140	369	394
石油和天然气开采业	171	48	97	93	132
黑色金属矿采选业	98	5	24	67	18
有色金属矿采选业	141	14	52	104	31
非金属矿采选业	145	18	19	113	49
制造业	**12582**	**2908**	**5203**	**8479**	**7350**
农副食品加工业	742	116	223	455	466
食品制造业	284	97	73	177	91
酒、饮料和精制茶制造业	128	29	58	94	56
烟草制品业	62	25	34	42	36
纺织业	15	14	9	14	11
家具制造业	44	7	12	35	40
造纸和纸制品业	7	1	2	6	1
文教、工美、体育和娱乐用品制造业	17	6	10	15	13
石油、煤炭及其他燃料加工业	802	117	202	544	535
化学原料和化学制品制造业	752	180	291	477	436
医药制造业	1466	577	554	998	1049
化学纤维制造业	25	13	13	22	7
橡胶和塑料制品业	278	38	98	157	158
非金属矿物制品业	664	135	124	339	237
黑色金属冶炼和压延加工业	416	90	210	360	259
有色金属冶炼和压延加工业	1918	399	930	1226	1088
金属制品业	300	67	121	179	120
通用设备制造业	515	85	224	361	247
专用设备制造业	958	225	408	733	462
汽车制造业	47	3	21	43	37
铁路、船舶、航空航天和其他运输设备制造业	207	74	117	180	166
电气机械和器材制造业	701	202	377	501	378
计算机、通信和其他电子设备制造业	898	206	479	561	288
仪器仪表制造业	85	22	40	73	16
其他制造业	931	149	427	829	889
废弃资源综合利用业	40	7	18	12	37
金属制品、机械和设备修理业	280	24	128	46	226
电力、热力、燃气及水生产和供应业	**186**	**32**	**80**	**150**	**53**
电力、热力生产和供应业	186	32	80	150	53

1-C-3　各地区企业R&D人员情况

地　区	R&D人员合计(人)	#女性	#研究人员	#全时人员	R&D人员折合全时当量(人年)
全　省	**13861**	**3077**	**5615**	**9375**	**8026**
兰　州	3660	1027	1557	2614	2333
嘉峪关	414	95	232	330	270
金　昌	888	177	495	337	465
白　银	1541	385	589	1163	755
天　水	1814	417	947	1202	662
武　威	1350	212	322	834	749
张　掖	1426	280	378	924	752
平　凉	201	19	95	160	156
酒　泉	1822	253	729	1343	1492
庆　阳	183	56	102	102	143
定　西	293	95	74	187	133
陇　南	108	16	36	69	32
临　夏	111	25	36	65	58
甘　南	50	20	23	45	26

D. 企业R&D经费支出情况

1-D-1.1 分登记注册类型企业R&D经费内部支出情况

单位：万元

登记注册类型	R&D经费内部支出	日常性支出	#人员劳务费	资产性支出	#仪器和设备	#政府资金	#企业资金
总　计	**476151.3**	**398910.5**	**88714.9**	**77240.8**	**75806.6**	**45452.3**	**429493.9**
内资企业	**469600.0**	**392362.7**	**87116.1**	**77237.3**	**75803.1**	**45389.5**	**423005.4**
国有企业	4564.9	3863.5	1696.3	701.4	700.9	1459.1	2884.4
集体企业							
股份合作企业							
联营企业							
国有联营企业							
集体联营企业							
国有与集体联营企业							
其他联营企业							
有限责任公司	255297.2	230446.0	45166.6	24851.2	24437.6	39242.4	215137.8
国有独资公司	82867.8	75055.7	22673.6	7812.1	7617.3	35662.5	47096.4
其他有限责任公司	172429.4	155390.3	22493.0	17039.1	16820.3	3579.9	168041.4
股份有限公司	156277.0	115140.6	30512.4	41136.4	40288.1	3290.9	152961.0
私营企业	53460.9	42912.6	9740.8	10548.3	10376.5	1397.1	52022.2
私营独资企业							
私营合伙企业							
私营有限责任公司	49463.2	39665.3	8727.1	9797.9	9631.2	1252.3	48169.3
私营股份有限公司	3997.7	3247.3	1013.7	750.4	745.3	144.8	3852.9
其他企业							
港、澳、台商投资企业	**1425.1**	**1425.1**	**248.3**				**1425.1**
合资经营企业	1425.1	1425.1	248.3				1425.1
合作经营企业							
港、澳、台商独资经营企业							
港、澳、台商投资股份有限公司							
其他港、澳、台投资企业							
外商投资企业	**5126.2**	**5122.7**	**1350.5**	**3.5**	**3.5**	**62.8**	**5063.4**
中外合资经营企业	4878.3	4878.3	1283.0			62.8	4815.5
中外合作经营企业							
外资企业	247.9	244.4	67.5	3.5	3.5		247.9
外商投资股份有限公司							
其他外商投资企业							

1-D-1.2　分行业企业R&D经费内部支出情况

单位：万元

行　　业	R&D经费内部支出	日常性支出	#人员劳务费	资产性支出	#仪器和设备	#政府资金	#企业资金
总　计	**476151.3**	**398910.5**	**88714.9**	**77240.8**	**75806.6**	**45452.3**	**429493.9**
采矿业	**15732.2**	**15063.4**	**4798.1**	**668.8**	**650.2**	**1610.1**	**14122.1**
煤炭开采和洗选业	8105.2	8088.4	2722.1	16.8			8105.2
石油和天然气开采业	1459.1	1313.6	694.8	145.5	145.5	1459.1	
黑色金属矿采选业	1840.6	1759.4	503.0	81.2	80.0	1.0	1839.6
有色金属矿采选业	3394.6	2993.4	495.0	401.2	401.2	150.0	3244.6
非金属矿采选业	932.7	908.6	383.2	24.1	23.5		932.7
开采专业及辅助性活动							
其他采矿业							
制造业	**458445.0**	**381898.2**	**83189.2**	**76546.8**	**75156.4**	**43841.6**	**413619.7**
农副食品加工业	19450.0	16405.6	3641.2	3044.4	3007.2	176.8	19273.2
食品制造业	6025.9	5132.5	1463.1	893.4	863.4	121.9	5904.0
酒、饮料和精制茶制造业	6417.8	6000.9	552.9	416.9	383.4	158.8	6259.0
烟草制品业	2164.8	2096.0	1548.3	68.8	68.8		2164.8
纺织业	172.8	172.8	29.3			5.6	167.2
纺织服装、服饰业							
皮革、毛皮、羽毛及其制品和制鞋业							
木材加工和木、竹、藤、棕、草制品业							
家具制造业	226.7	198.7	109.9	28.0	28.0	3.0	223.7
造纸和纸制品业	698.0	398.0	28.5	300.0	300.0		698.0
印刷和记录媒介复制业							
文教、工美、体育和娱乐用品制造业	373.0	253.0	166.3	120.0	120.0		373.0
石油、煤炭及其他燃料加工业	10018.5	8948.1	5365.1	1070.4	1063.4	163.2	9787.0
化学原料和化学制品制造业	24750.0	21630.6	4525.1	3119.4	2905.0	4530.6	20219.4
医药制造业	34608.3	31359.3	8757.9	3249.0	3217.4	1144.8	33421.9
化学纤维制造业	687.7	562.9	151.9	124.8	119.3		687.7
橡胶和塑料制品业	7753.6	6690.9	1519.2	1062.7	1036.0	366.5	7387.1
非金属矿物制品业	26070.3	24629.2	5086.3	1441.1	1398.4	656.0	25414.3
黑色金属冶炼和压延加工业	93046.2	91947.1	6369.3	1099.1	1099.1	45.0	93001.2
有色金属冶炼和压延加工业	89718.3	51812.6	6595.2	37905.7	37092.7	820.0	88893.8
金属制品业	5456.4	4660.5	1431.3	795.9	789.2	508.6	4947.8
通用设备制造业	6525.1	6269.8	1532.0	255.3	246.3	131.2	6393.9
专用设备制造业	10158.7	8605.0	2852.1	1553.7	1550.7	1505.4	8612.4
汽车制造业	337.6	337.6	80.0			62.8	274.8
铁路、船舶、航空航天和其他运输设备制造业	2219.2	1989.4	760.4	229.8	229.5	1641.0	469.3
电气机械和器材制造业	12202.3	11640.2	2948.9	562.1	487.3	2105.0	9698.1
计算机、通信和其他电子设备制造业	49569.4	35985.2	13250.0	13584.2	13547.2	462.0	48787.1
仪器仪表制造业	5629.3	5111.3	941.6	518.0	500.0	209.3	5420.0
其他制造业	36730.1	31668.7	11329.6	5061.4	5061.4	28818.1	7912.0
废弃资源综合利用业	1652.7	1610.0	483.2	42.7	42.7	68.0	1584.7
金属制品、机械和设备修理业	5782.3	5782.3	1670.6			138.0	5644.3
电力、热力、燃气及水生产和供应业	**1974.1**	**1948.9**	**727.6**	**25.2**		**0.6**	**1752.1**
电力、热力生产和供应业	1974.1	1948.9	727.6	25.2		0.6	1752.1
燃气生产和供应业							
水的生产和供应业							

1-D-1.3 各地区企业R&D经费内部支出情况

单位：万元

地区	R&D经费内部支出	日常性支出	#人员劳务费	资产性支出	#仪器和设备	#政府资金	#企业资金
全省	**476151.3**	**398910.5**	**88714.9**	**77240.8**	**75806.6**	**45452.3**	**429493.9**
兰州	90689.8	86407.1	23049.6	4282.7	4205.4	7592.7	82667.9
嘉峪关	93816.8	92184.5	7033.9	1632.3	1632.3	323.0	93493.8
金昌	40719.9	18665.7	1215.3	22054.2	22048.2	31.1	40684.3
白银	51867.7	34685.9	6829.5	17181.8	16157.6	3091.2	48776.5
天水	64100.0	49836.4	17387.7	14263.6	14177.8	1471.5	62209.0
武威	16780.0	14376.4	3901.1	2403.6	2351.7	936.1	15823.3
张掖	43427.3	38035.1	8139.7	5392.2	5289.7	549.1	42615.2
平凉	4760.4	4760.4	1215.2				4760.4
酒泉	49963.2	44242.5	16188.9	5720.7	5688.2	29026.0	20868.9
庆阳	1535.4	1388.4	724.1	147.0	147.0	1459.1	76.3
定西	10529.5	7854.1	1715.8	2675.4	2652.3	905.5	9624.0
陇南	3142.9	3142.9	492.1			25.0	3117.9
临夏	4376.7	2926.1	608.3	1450.6	1432.4	42.0	4334.7
甘南	441.7	405.0	213.7	36.7	24.0		441.7

1-D-2.1　分登记注册类型企业R&D经费外部支出情况

单位：万元

登记注册类型	R&D经费外部支出	#对境内研究机构支出	#对境内高等学校支出
总　计	**16866.8**	**7143.8**	**2402.7**
内资企业	**16358.5**	**7143.8**	**2397.7**
国有企业	822.2	494.7	126.5
集体企业			
股份合作企业			
联营企业			
国有联营企业			
集体联营企业			
国有与集体联营企业			
其他联营企业			
有限责任公司	9136.4	3623.9	1357.0
国有独资公司	2688.7	876.8	720.1
其他有限责任公司	6447.7	2747.1	636.9
股份有限公司	4106.2	1557.8	370.8
私营企业	2293.7	1467.4	543.4
私营独资企业			
私营合伙企业			
私营有限责任公司	2224.4	1436.0	505.5
私营股份有限公司	69.3	31.4	37.9
其他企业			
港、澳、台商投资企业			
合资经营企业			
合作经营企业			
港、澳、台商独资经营企业			
港、澳、台商投资股份有限公司			
其他港、澳、台投资企业			
外商投资企业	**508.3**		**5.0**
中外合资经营企业	508.3		5.0
中外合作经营企业			
外资企业			
外商投资股份有限公司			
其他外商投资企业			

1-D-2.2 分行业企业R&D经费外部支出情况

单位：万元

行业	R&D经费外部支出	#对境内研究机构支出	#对境内高等学校支出
总 计	**16866.8**	**7143.8**	**2402.7**
采矿业	**1932.6**	**354.7**	**306.2**
煤炭开采和洗选业	1205.4	311.0	179.7
石油和天然气开采业	371.2	43.7	126.5
黑色金属矿采选业			
有色金属矿采选业	0.6		
非金属矿采选业	355.4		
开采专业及辅助性活动			
其他采矿业			
制造业	**13248.6**	**5108.5**	**2096.5**
农副食品加工业	1071.3	280.0	239.5
食品制造业	208.7	177.6	25.2
酒、饮料和精制茶制造业	81.6	23.2	58.4
烟草制品业	51.4	51.4	
纺织业			
纺织服装、服饰业			
皮革、毛皮、羽毛及其制品和制鞋业			
木材加工和木、竹、藤、棕、草制品业			
家具制造业	8.3	5.3	1.5
造纸和纸制品业			
印刷和记录媒介复制业			
文教、工美、体育和娱乐用品制造业	40.0		40.0
石油、煤炭及其他燃料加工业	180.0	13.7	18.0
化学原料和化学制品制造业	743.3	62.9	624.4
医药制造业	2115.8	1646.3	248.9
化学纤维制造业	103.7	31.9	71.8
橡胶和塑料制品业	30.2	21.2	3.0
非金属矿物制品业	862.8	327.9	147.5
黑色金属冶炼和压延加工业	2676.6	314.5	142.8
有色金属冶炼和压延加工业	2226.1	1178.8	128.7
金属制品业	83.5	26.7	55.6
通用设备制造业	65.4		40.8
专用设备制造业	356.8	282.9	15.7
汽车制造业	3.4	0.2	0.2
铁路、船舶、航空航天和其他运输设备制造业	1.0		
电气机械和器材制造业	1078.9	664.0	234.5
计算机、通信和其他电子设备制造业	255.9		
仪器仪表制造业	1000.0		
其他制造业			
废弃资源综合利用业	3.9		
金属制品、机械和设备修理业			
电力、热力、燃气及水生产和供应业	**1685.6**	**1680.6**	
电力、热力生产和供应业	1685.6	1680.6	
燃气生产和供应业			
水的生产和供应业			

1-D-2.3 各地区企业R&D经费外部支出情况

单位：万元

地 区	R&D经费外部支出	#对境内研究机构支出	#对境内高等学校支出
全 省	**16866.8**	**7143.8**	**2402.7**
兰 州	4369.1	2309.0	409.5
嘉峪关	3260.7	385.6	142.8
金 昌	264.6	116.9	90.6
白 银	3405.5	2405.3	731.6
天 水	1380.2	954.2	267.5
武 威	575.2	147.8	179.1
张 掖	2214.8	728.9	388.2
平 凉	714.7		
酒 泉	5.0		
庆 阳	378.8	49.6	128.2
定 西			
陇 南	186.5		
临 夏	111.7	46.5	65.2
甘 南			

E. 企业R&D项目情况

1-E-1　分登记注册类型企业全部R&D项目情况

登记注册类型	项目数（项）	参加项目人员（人）	项目人员折合全时当量（人年）	项目经费内部支出（万元）
总　计	**1305**	**12563**	**7309**	**423417.9**
内资企业	**1286**	**12406**	**7191**	**416866.7**
国有企业	59	522	190	3934.1
集体企业				
股份合作企业	446	3791	1950	125887.1
联营企业				
国有联营企业				
集体联营企业				
国有与集体联营企业				
其他联营企业				
有限责任公司	510	6068	4096	235225.4
国有独资公司	153	2609	2045	70541.4
其他有限责任公司	357	3459	2050	164684.0
股份有限公司	446	3791	1950	125887.1
私营企业	271	2025	954	51820.1
私营独资企业				
私营合伙企业				
私营有限责任公司	253	1828	828	47830.8
私营股份有限公司	18	197	126	3989.3
其他企业				
港、澳、台商投资企业	**6**	**32**	**4**	**1425.1**
合资经营企业	6	32	4	1425.1
合作经营企业				
港、澳、台商独资经营企业				
港、澳、台商投资股份有限公司				
其他港、澳、台投资企业				
外商投资企业	**13**	**125**	**114**	**5126.1**
中外合资经营企业	10	113	107	4878.2
中外合作经营企业				
外资企业	3	12	8	247.9
外商投资股份有限公司				
其他外商投资企业				

1-E-2 分行业企业全部R&D项目情况

行业	项目数（项）	参加项目人员（人）	项目人员折合全时当量（人年）	项目经费内部支出（万元）
总 计	**1305**	**12563**	**7309**	**423417.9**
采矿业	**77**	**975**	**559**	**14244.1**
煤炭开采和洗选业	21	492	357	7058.3
石油和天然气开采业	13	149	115	1242.2
黑色金属矿采选业	8	88	16	1626.8
有色金属矿采选业	14	128	27	3384.7
非金属矿采选业	21	118	44	932.1
开采专业及辅助性活动				
其他采矿业				
制造业	**1215**	**11418**	**6702**	**407538.5**
农副食品加工业	82	660	420	18930.0
食品制造业	27	246	75	5766.0
酒、饮料和精制茶制造业	12	107	47	6031.1
烟草制品业	7	58	34	2164.9
纺织业	1	10	7	33.8
纺织服装、服饰业				
皮革、毛皮、羽毛及其制品和制鞋业				
木材加工和木、竹、藤、棕、草制品业				
家具制造业	4	40	36	226.7
造纸和纸制品业	1	5	1	698.0
印刷和记录媒介复制业				
文教、工美、体育和娱乐用品制造业	1	14	10	254.6
石油、煤炭及其他燃料加工业	92	759	496	9329.8
化学原料和化学制品制造业	95	637	370	19959.0
医药制造业	135	1355	965	34057.2
化学纤维制造业	3	21	6	457.0
橡胶和塑料制品业	57	254	145	7386.8
非金属矿物制品业	60	560	198	25780.8
黑色金属冶炼和压延加工业	65	402	252	92042.3
有色金属冶炼和压延加工业	235	1686	971	87097.4
金属制品业	28	261	98	4203.0
通用设备制造业	43	476	225	5611.5
专用设备制造业	90	858	410	7829.3
汽车制造业	7	44	34	310.4
铁路、船舶、航空航天和其他运输设备制造业	13	188	151	2217.9
电气机械和器材制造业	73	657	351	10237.7
计算机、通信和其他电子设备制造业	57	829	263	24276.6
仪器仪表制造业	5	76	15	5611.3
其他制造业	2	926	884	31700.2
废弃资源综合利用业	7	38	35	1609.8
金属制品、机械和设备修理业	13	251	202	3715.4
电力、热力、燃气及水生产和供应业	**13**	**170**	**48**	**1635.3**
电力、热力生产和供应业	13	170	48	1635.3
燃气生产和供应业				
水的生产和供应业				

1-E-3 各地区企业全部R&D项目情况

地 区	项目数（项）	参加项目人员（人）	项目人员折合全时当量（人年）	项目经费内部支出（万元）
全 省	**1305**	**12563**	**7309**	**423417.9**
兰 州	345	3331	2114	86449.0
嘉峪关	71	406	265	92621.4
金 昌	123	758	387	40388.3
白 银	155	1391	687	45239.4
天 水	125	1685	604	33317.9
武 威	183	1231	687	16076.3
张 掖	145	1251	667	42014.6
平 凉	15	175	135	3752.5
酒 泉	79	1711	1421	44362.7
庆 阳	15	161	126	1318.5
定 西	21	229	116	10215.4
陇 南	15	99	29	3142.9
临 夏	11	101	52	4090.0
甘 南	2	34	18	429.0

F. 企业办研发机构情况

1-F-1　分登记注册类型企业办研发机构情况

登记注册类型	机构数（个）	机构人员数（人）			机构经费支出（万元）	仪器和设备原价（万元）
			#博士	#硕士		
总　计	**190**	**12212**	**203**	**1756**	**172059.9**	**241381.9**
内资企业	**189**	**12182**	**202**	**1754**	**171984.9**	**241191.9**
国有企业	3	1835	18	241	70.0	3722.5
集体企业						
股份合作企业						
联营企业						
国有联营企业						
集体联营企业						
国有与集体联营企业						
其他联营企业						
有限责任公司	65	4445	57	680	91486.4	95247.2
国有独资公司	13	2792	15	520	67216.4	53615.5
其他有限责任公司	52	1653	42	160	24270.0	41631.7
股份有限公司	57	4807	82	760	67811.7	124349.1
私营企业	64	1095	45	73	12616.8	17873.1
私营独资企业						
私营合伙企业						
私营有限责任公司	58	966	42	61	11202.5	16447.9
私营股份有限公司	6	129	3	12	1414.3	1425.2
其他企业						
港、澳、台商投资企业						
合资经营企业						
合作经营企业						
港、澳、台商独资经营企业						
港、澳、台商投资股份有限公司						
其他港、澳、台投资企业						
外商投资企业	**1**	**30**	**1**	**2**	**75.0**	**190.0**
中外合资经营企业	1	30	1	2	75.0	190.0
中外合作经营企业						
外资企业						
外商投资股份有限公司						
其他外商投资企业						

1-F-2 分行业企业办研发机构情况

行业	机构数（个）	机构人员数（人）	#博士	#硕士	机构经费支出（万元）	仪器和设备原价（万元）
总 计	**190**	**12212**	**203**	**1756**	**172059.9**	**241381.9**
采矿业	**7**	**1904**	**7**	**197**	**5067.6**	**7005.4**
煤炭开采和洗选业	3	339		3	4257.7	2169.6
石油和天然气开采业	2	1501	6	192	20.0	3680.5
黑色金属矿采选业	1	11		2	260.0	100.0
有色金属矿采选业						
非金属矿采选业	1	53	1		529.9	1055.3
开采专业及辅助性活动						
其他采矿业						
制造业	**182**	**9974**	**184**	**1510**	**166942.3**	**234334.5**
农副食品加工业	32	340	20	40	7537.1	7884.6
食品制造业	4	48	3	5	796.9	1906.8
酒、饮料和精制茶制造业	6	176	7	40	1182.3	3350.7
烟草制品业	1	74	8	34	4104.0	7265.3
纺织业	1	58		7	20.5	313.1
纺织服装、服饰业						
皮革、毛皮、羽毛及其制品和制鞋业						
木材加工和木、竹、藤、棕、草制品业						
家具制造业	1	7	2	5	7.5	7.4
造纸和纸制品业						
印刷和记录媒介复制业						
文教、工美、体育和娱乐用品制造业						
石油、煤炭及其他燃料加工业	4	457	4	90	13180.3	2731.7
化学原料和化学制品制造业	6	56	7	5	903.0	1352.3
医药制造业	16	517	24	111	23212.9	36411.5
化学纤维制造业	3	35	6	4	120.3	68.9
橡胶和塑料制品业	10	168	3	12	1720.7	1507.2
非金属矿物制品业	12	330	6	9	18660.0	9550.0
黑色金属冶炼和压延加工业	6	165	4	46	5840.0	6638.5
有色金属冶炼和压延加工业	18	3059	50	558	13665.6	44836.8
金属制品业	12	294	6	8	2761.4	4962.5
通用设备制造业	2	223	1	17	1215.0	10091.9
专用设备制造业	20	1056	6	285	8921.3	31485.9
汽车制造业	2	35	1	3	80.0	192.6
铁路、船舶、航空航天和其他运输设备制造业	5	304		60	5871.3	2046.2
电气机械和器材制造业	13	681	10	17	5951.9	10494.4
计算机、通信和其他电子设备制造业	5	774	9	51	18802.6	42911.5
仪器仪表制造业	1	20	3	3	697.0	400.0
其他制造业	1	1073	4	99	31668.7	6800.7
废弃资源综合利用业						
金属制品、机械和设备修理业	1	24		1	22.0	1124.0
电力、热力、燃气及水生产和供应业	**1**	**334**	**12**	**49**	**50.0**	**42.0**
电力、热力生产和供应业	1	334	12	49	50.0	42.0
燃气生产和供应业						
水的生产和供应业						

1-F-3　各地区企业办研发机构情况

地 区	机构数（个）	机构人员数（人）			机构经费支出（万元）	仪器和设备原价（万元）
			#博士	#硕士		
全 省	**190**	**12212**	**203**	**1756**	**172059.9**	**241381.9**
兰 州	38	3151	54	616	73705.6	87348.7
嘉峪关	9	226	6	52	6856.6	7115.8
金 昌	12	2528	26	464	922.7	36122.6
白 银	21	907	37	110	16588.2	12356.8
天 水	22	1533	22	100	25994.1	59885.9
武 威	26	261	10	20	3032.5	3036.9
张 掖	33	424	21	28	5565.0	8042.3
平 凉	1	58		7	20.5	313.1
酒 泉	13	1247	5	114	34038.9	15320.4
庆 阳	3	1533	9	193	308.7	3934.9
定 西	6	50	1	6	627.5	1280.5
陇 南	1	79	1	26	142.8	2211.4
临 夏	4	188	9	16	3935.6	3292.6
甘 南	1	27	2	4	321.2	1120.0

G. 企业新产品开发及销售情况

1-G-1 分登记注册类型企业新产品开发及销售情况

单位：万元

登记注册类型	新产品开发项目数(项)	新产品开发经费支出	新产品销售收入	#出口
总 计	**1279**	**456614.8**	**2751331.1**	**713180.8**
内资企业	**1260**	**449940.2**	**2702406.8**	**713180.8**
国有企业	17	1207.6	72736.3	
集体企业				
股份合作企业				
联营企业				
国有联营企业				
集体联营企业				
国有与集体联营企业				
其他联营企业				
有限责任公司	537	265361.3	1083741.1	13673.6
国有独资公司	194	47450.3	580862.8	10116.2
其他有限责任公司	343	217911.0	502878.3	3557.4
股份有限公司	420	128813.5	1329172.6	694303.2
私营企业	286	54557.8	216756.8	5204.0
私营独资企业				
私营合伙企业				
私营有限责任公司	262	49968.7	180024.6	3369.6
私营股份有限公司	24	4589.1	36732.2	1834.4
其他企业				
港、澳、台商投资企业	**1**	**90.1**		
合资经营企业	1	90.1		
合作经营企业				
港、澳、台商独资经营企业				
港、澳、台商投资股份有限公司				
其他港、澳、台投资企业				
外商投资企业	**18**	**6584.5**	**48924.3**	
中外合资经营企业	12	5232.2	18824.3	
中外合作经营企业				
外资企业				
外商投资股份有限公司				
其他外商投资企业				

1-G-2　分行业企业新产品开发及销售情况

单位：万元

行　　业	新产品开发项目数(项)	新产品开发经费支出	新产品销售收入	#出口
总　计	**1279**	**456614.8**	**2751331.1**	**713180.8**
采矿业	**26**	**3096.8**	**12822.5**	
煤炭开采和洗选业	10	1594.0	2551.2	
石油和天然气开采业	8	701.6		
黑色金属矿采选业	2	135.7		
有色金属矿采选业	1	124.4		
非金属矿采选业	5	541.1	10271.3	
开采专业及辅助性活动				
其他采矿业				
制造业	**1244**	**453024.1**	**2738508.6**	**713180.8**
农副食品加工业	94	16834.3	69256.3	8803.1
食品制造业	34	5257.1	6477.2	
酒、饮料和精制茶制造业	15	5726.4	35053.8	
烟草制品业	1	14.3		
纺织业	6	930.0	10898.6	3816.0
纺织服装、服饰业				
皮革、毛皮、羽毛及其制品和制鞋业	3	81.0	1000.1	
木材加工和木、竹、藤、棕、草制品业				
家具制造业	3	191.1	0.2	
造纸和纸制品业				
印刷和记录媒介复制业	3	136.0		
文教、工美、体育和娱乐用品制造业	1	373.0		
石油、煤炭及其他燃料加工业	34	2947.5	54092.0	1692.0
化学原料和化学制品制造业	96	13048.5	327855.5	7794.9
医药制造业	158	35224.4	262354.4	2728.6
化学纤维制造业	3	691.4	5029.1	867.1
橡胶和塑料制品业	47	7281.3	36221.6	
非金属矿物制品业	45	21243.8	284074.3	196073.5
黑色金属冶炼和压延加工业	74	149064.4	137367.8	
有色金属冶炼和压延加工业	195	62477.7	279766.1	7480.0
金属制品业	55	8357.8	103962.1	1834.4
通用设备制造业	56	9697.7	122665.0	2930.9
专用设备制造业	119	11480.5	110141.9	1412.7
汽车制造业	12	1638.9	2528.2	
铁路、船舶、航空航天和其他运输设备制造业	8	8361.2	37515.3	
电气机械和器材制造业	76	20216.7	137925.9	626.5
计算机、通信和其他电子设备制造业	75	57825.6	657664.9	477121.1
仪器仪表制造业	6	5681.3		
其他制造业	1	403.1		
废弃资源综合利用业	12	2102.1	1023.8	
金属制品、机械和设备修理业	12	5737.0	55634.5	
电力、热力、燃气及水生产和供应业	**9**	**493.9**		
电力、热力生产和供应业	8	403.8		
燃气生产和供应业				
水的生产和供应业	1	90.1		

1-G-3 各地区企业新产品开发及销售情况

单位：万元

地区	新产品开发项目数(项)	新产品开发经费支出	新产品销售收入	#出口
全省	**1279**	**456614.8**	**2751331.1**	**713180.8**
兰州	432	101249	986864	207855
嘉峪关	88	153378	138298	
金昌	111	27281	90853	1834
白银	109	21705	457886	12190
天水	159	74357	760766	480679
武威	146	12081	80357	7354
张掖	93	27208	130810	3270
平凉	8	262	5249	
酒泉	48	7503	48059	
庆阳	12	847	8861	
定西	35	24157	31584	
陇南	16	446	5518	
临夏	19	5684	6107	
甘南	3	458	120	

H. 企业自主知识产权及相关情况

1-H-1　分登记注册类型企业自主知识产权及相关情况

登记注册类型	专利申请数（件）	#发明专利	有效发明专利数（件）	拥有注册商标数（件）	形成国家或行业标准数（项）
总　计	**3342**	**1207**	**3208**	**1532**	**135**
内资企业	**3296**	**1197**	**3192**	**1510**	**135**
国有企业	85	55	54	2	
集体企业					
股份合作企业					
联营企业					
国有联营企业					
集体联营企业					
国有与集体联营企业					
其他联营企业					
有限责任公司	1635	638	1543	373	66
国有独资公司	505	314	752	45	17
其他有限责任公司	1130	324	791	328	49
股份有限公司	1021	315	1057	802	37
私营企业	555	189	538	333	32
私营独资企业					
私营合伙企业					
私营有限责任公司	517	166	468	320	31
私营股份有限公司	38	23	70	13	1
其他企业					
港、澳、台商投资企业	**2**	**1**	**2**		
合资经营企业	2	1	2		
合作经营企业					
港、澳、台商独资经营企业					
港、澳、台商投资股份有限公司					
其他港、澳、台投资企业					
外商投资企业	**44**	**9**	**14**	**22**	
中外合资经营企业	37	8	12	1	
中外合作经营企业					
外资企业	7	1	2	21	
外商投资股份有限公司					
其他外商投资企业					

1-H-2 分行业企业自主知识产权及相关情况

行业	专利申请数（件）	#发明专利	有效发明专利数（件）	拥有注册商标数（件）	形成国家或行业标准数（项）
总计	**3342**	**1207**	**3208**	**1532**	**135**
采矿业	**42**	**10**	**20**	**1**	
煤炭开采和洗选业	5	1	8		
石油和天然气开采业					
黑色金属矿采选业	20	5	2	1	
有色金属矿采选业	7	1	10		
非金属矿采选业	10	3			
开采专业及辅助性活动					
其他采矿业					
制造业	**3194**	**1137**	**3133**	**1531**	**134**
农副食品加工业	162	61	94	73	13
食品制造业	83	19	78	176	3
酒、饮料和精制茶制造业	73	8	25	252	
烟草制品业	11	3	6	137	2
纺织业	10	2	7	1	
纺织服装、服饰业					
皮革、毛皮、羽毛及其制品和制鞋业	5		5		
木材加工和木、竹、藤、棕、草制品业					
家具制造业	9	4		5	
造纸和纸制品业					
印刷和记录媒介复制业					
文教、工美、体育和娱乐用品制造业	1	1	2	1	
石油、煤炭及其他燃料加工业	62	17	109	132	4
化学原料和化学制品制造业	168	103	337	46	18
医药制造业	169	58	208	203	16
化学纤维制造业	3	3	41	4	
橡胶和塑料制品业	90	28	146	16	5
非金属矿物制品业	63	22	70	5	3
黑色金属冶炼和压延加工业	456	140	158	1	1
有色金属冶炼和压延加工业	787	211	514	161	20
金属制品业	147	37	98	31	9
通用设备制造业	105	33	107	50	5
专用设备制造业	229	88	221	175	20
汽车制造业	13	7	9	1	
铁路、船舶、航空航天和其他运输设备制造业	57	49	52	1	
电气机械和器材制造业	174	35	185	30	7
计算机、通信和其他电子设备制造业	120	67	185	14	2
仪器仪表制造业	10	4	13	13	
其他制造业	136	120	399		5
废弃资源综合利用业	19	4	26	3	1
金属制品、机械和设备修理业	32	13	38		
电力、热力、燃气及水生产和供应业	**106**	**60**	**55**		**1**
电力、热力生产和供应业	104	59	53		1
燃气生产和供应业					
水的生产和供应业	2	1	2		

1-H-3　各地区企业自主知识产权及相关情况

地区	专利申请数(件)	#发明专利	有效发明专利数(件)	拥有注册商标数(件)	形成国家或行业标准数(项)
全省	**3342**	**1207**	**3208**	**1532**	**135**
兰州	789	369	855	662	46
嘉峪关	483	148	211	6	3
金昌	543	90	308	19	18
白银	334	170	440	310	9
天水	265	88	349	59	12
武威	305	107	290	113	12
张掖	216	59	137	64	17
平凉	15	5	33	21	1
酒泉	286	137	486	16	9
庆阳	14	4	22	4	1
定西	55	27	53	5	5
陇南	21		8	193	
临夏	16	3	13	10	
甘南			3	50	2

I. 企业政府相关政策落实情况

1-I-1 分登记注册类型企业政府相关政策落实情况

单位：万元

登记注册类型	来自政府部门的研究开发经费	研究开发费用加计扣除减免税	高新技术企业减免税
总 计	**49739.6**	**9793.2**	**21624.0**
内资企业	**49608.8**	**9793.2**	**20689.4**
国有企业	20.0	30.1	59.4
集体企业			
股份合作企业			
联营企业			
国有联营企业			
集体联营企业			
国有与集体联营企业			
其他联营企业			
有限责任公司	44696.5	4570.2	10371.3
国有独资公司	40783.8	1613.3	9696.3
其他有限责任公司	3912.7	2956.9	675.0
股份有限公司	3640.7	4138.0	8022.2
私营企业	1251.6	1054.9	2236.5
私营独资企业			
私营合伙企业			
私营有限责任公司	1114.6	935.1	2176.6
私营股份有限公司	137.0	119.8	59.9
其他企业			
港、澳、台商投资企业	**68.0**		
合资经营企业	68.0		
合作经营企业			
港、澳、台商独资经营企业			
港、澳、台商投资股份有限公司			
其他港、澳、台投资企业			
外商投资企业	**62.8**		**934.6**
中外合资经营企业	62.8		81.3
中外合作经营企业			
外资企业			853.3
外商投资股份有限公司			
其他外商投资企业			

1-I-2　分行业企业政府相关政策落实情况

单位：万元

行　　业	来自政府部门的研究开发经费	研究开发费用加计扣除减免税	高新技术企业减免税
总　计	**49739.6**	**9793.2**	**21624.0**
采矿业		**609.0**	**5.6**
煤炭开采和洗选业		609.0	
石油和天然气开采业			
黑色金属矿采选业			
有色金属矿采选业			5.6
非金属矿采选业			
开采专业及辅助性活动			
其他采矿业			
制造业	**49671.0**	**9184.2**	**21618.4**
农副食品加工业	344.3	16.0	79.2
食品制造业	121.7		12.8
酒、饮料和精制茶制造业	36.8		
烟草制品业			
纺织业	5.6		
纺织服装、服饰业			
皮革、毛皮、羽毛及其制品和制鞋业			
木材加工和木、竹、藤、棕、草制品业			
家具制造业	3.0		
造纸和纸制品业			
印刷和记录媒介复制业			
文教、工美、体育和娱乐用品制造业			
石油、煤炭及其他燃料加工业	122.4	83.5	
化学原料和化学制品制造业	6005.0	968.7	359.0
医药制造业	1218.8	945.7	177.5
化学纤维制造业			
橡胶和塑料制品业	355.8	87.7	332.9
非金属矿物制品业	627.3	110.0	1.4
黑色金属冶炼和压延加工业	45.0	1242.7	
有色金属冶炼和压延加工业	357.3	1520.1	395.3
金属制品业	821.9	362.2	1284.3
通用设备制造业	201.2	9.4	1007.9
专用设备制造业	2875.8	497.4	1608.2
汽车制造业	62.8		81.3
铁路、船舶、航空航天和其他运输设备制造业	4588.4		9049.5
电气机械和器材制造业	2260.5	819.5	603.4
计算机、通信和其他电子设备制造业	462.0	2091.3	6363.3
仪器仪表制造业	209.3	35.7	50.2
其他制造业	28818.1		
废弃资源综合利用业	128.0		
金属制品、机械和设备修理业		394.3	212.2
电力、热力、燃气及水生产和供应业	**68.6**		
电力、热力生产和供应业	0.6		
燃气生产和供应业			
水的生产和供应业	68.0		

1-I-3　各地区内资企业政府相关政策落实情况

单位：万元

地　区	来自政府部门的研究开发经费	研究开发费用加计扣除减免税	高新技术企业减免税
全　省	**49739.6**	**9793.2**	**21624.0**
兰　州	12920.3	2035.0	12387.0
嘉峪关	395.0	1242.7	
金　昌	161.4	831.4	202.9
白　银	4321.6	1381.0	548.9
天　水	1399.0	2900.7	7713.6
武　威	1011.0	155.1	412.7
张　掖	199.2	1.1	2.0
平　凉		609.0	
酒　泉	28967.1	65.7	
庆　阳			
定　西	218.0	484.2	187.3
陇　南			
临　夏	42.0	87.3	169.6
甘　南	105.0		

J. 企业技术获取和技术改造情况

1-J-1　分登记注册类型企业技术获取和技术改造情况

单位：万元

登记注册类型	引进技术经费支出	消化吸收经费支出	购买国内技术经费支出	技术改造经费支出
总　计	**190.3**		**7736.6**	**418408.5**
内资企业	**190.3**		**7736.6**	**417941.0**
国有企业				237.2
集体企业				
股份合作企业				
联营企业				
国有联营企业				
集体联营企业				
国有与集体联营企业				
其他联营企业				
有限责任公司	156.2		6980.8	53739.7
国有独资公司	156.2		6426.9	19865.4
其他有限责任公司			553.9	33874.3
股份有限公司	30.0		350.0	358878.4
私营企业	4.1		405.8	5085.7
私营独资企业				
私营合伙企业				
私营有限责任公司	4.1		405.8	5020.3
私营股份有限公司				65.4
其他企业				
港、澳、台商投资企业				
合资经营企业				
合作经营企业				
港、澳、台商独资经营企业				
港、澳、台商投资股份有限公司				
其他港、澳、台投资企业				
外商投资企业				**467.5**
中外合资经营企业				467.5
中外合作经营企业				
外资企业				
外商投资股份有限公司				
其他外商投资企业				

1-J-2 分行业企业技术获取和技术改造情况

单位：万元

行业	引进技术经费支出	消化吸收经费支出	购买国内技术经费支出	技术改造经费支出
总计	**190.3**		**7736.6**	**418408.5**
采矿业				
煤炭开采和洗选业				
石油和天然气开采业				
黑色金属矿采选业				
有色金属矿采选业				
非金属矿采选业				
开采专业及辅助性活动				
其他采矿业				
制造业	**190.3**		**7736.6**	**403092.0**
农副食品加工业			18.9	1208.2
食品制造业				671.6
酒、饮料和精制茶制造业				417.0
烟草制品业				
纺织业				492.0
纺织服装、服饰业				
皮革、毛皮、羽毛及其制品和制鞋业				
木材加工和木、竹、藤、棕、草制品业				
家具制造业				
造纸和纸制品业				
印刷和记录媒介复制业				
文教、工美、体育和娱乐用品制造业				
石油、煤炭及其他燃料加工业				3937.6
化学原料和化学制品制造业	30.0		48.3	18885.9
医药制造业	156.2		6451.5	1851.8
化学纤维制造业				
橡胶和塑料制品业			341.8	244.9
非金属矿物制品业			8.0	1303.9
黑色金属冶炼和压延加工业			471.7	8793.3
有色金属冶炼和压延加工业			350.0	357319.4
金属制品业			20.0	902.1
通用设备制造业				15.0
专用设备制造业	4.1		26.4	1861.2
汽车制造业				
铁路、船舶、航空航天和其他运输设备制造业				3037.8
电气机械和器材制造业				1957.1
计算机、通信和其他电子设备制造业				115.0
仪器仪表制造业				10.2
其他制造业				
废弃资源综合利用业				68.0
金属制品、机械和设备修理业				
电力、热力、燃气及水生产和供应业				**15316.5**
电力、热力生产和供应业				15316.5
燃气生产和供应业				
水的生产和供应业				

1-J-3　各地区内资企业技术获取和技术改造情况

单位：万元

地区	引进技术经费支出	消化吸收经费支出	购买国内技术经费支出	技术改造经费支出
全省	**190.3**		**7736.6**	**418408.5**
兰州	186.2		6426.9	8439.5
嘉峪关			471.7	6411.5
金昌				284756.6
白银	4.1		424.7	89966.2
天水			20.0	2954.9
武威			350.8	1102.8
张掖			17.9	2151.3
平凉				15341.0
酒泉				1959.5
庆阳			16.0	319.0
定西			8.6	3458.0
陇南				1180.0
临夏				368.2
甘南				

第2篇

建筑业企业生产经营及财务状况篇

A.全社会建筑企业

2-A-1 各地区全社会建筑业企业个数

单位：个

地 区	合计	总承包和专业承包企业	劳务分包企业	资质以外企业
全 省	**13473**	**1572**	**27**	**11874**
兰 州	3856	458	6	3392
嘉峪关	264	45	1	218
金 昌	223	40	2	181
白 银	1141	77	7	1057
天 水	1250	100	4	1146
武 威	624	100	1	523
张 掖	1738	204		1534
平 凉	516	66		450
酒 泉	1222	113		1109
庆 阳	652	81	1	570
定 西	699	104	5	590
陇 南	570	108		462
临 夏	523	45		478
甘 南	195	31		164

注：全社会建筑业企业统计口径为全省范围内所有建筑业企业法人单位(包括没有工作量的建筑业法人单位)。

2-A-2 各地区全社会建筑业企业期末人数

单位：万人

地 区	合计	总承包和专业承包企业	劳务分包企业	资质以外企业
全 省	**59.2**	**50.0**	**0.4**	**8.8**
兰 州	22.0	19.4		2.6
嘉峪关	0.7	0.5	0.1	0.1
金 昌	3.2	2.9		0.3
白 银	3.1	2.4	0.1	0.6
天 水	5.2	4.1	0.1	1.0
武 威	3.4	3.0		0.4
张 掖	2.9	2.0		0.9
平 凉	3.3	2.9		0.4
酒 泉	2.4	1.9		0.5
庆 阳	4.0	3.5		0.5
定 西	3.1	2.6	0.1	0.4
陇 南	2.1	1.7		0.4
临 夏	3.2	2.7		0.5
甘 南	0.6	0.4		0.2

注：本篇因小数点四舍五入原因，分项之和不等于总计。

2-A-3 各地区全社会建筑业企业资产总计

单位：亿元

地区	合计	总承包和专业承包企业	劳务分包企业	资质以外企业
全省	**3253.8**	**2498.7**	**4.9**	**750.2**
兰州	1817.0	1557.0	0.5	259.5
嘉峪关	40.6	32.3	1.0	7.3
金昌	112.7	104.4	0.2	8.1
白银	143.7	70.7	0.4	72.7
天水	286.9	136.3	0.5	150.1
武威	88.7	65.0		23.7
张掖	169.8	120.4		49.4
平凉	66.0	44.4		21.6
酒泉	139.3	90.8		48.5
庆阳	113.4	79.5	0.1	33.8
定西	95.2	74.3	2.2	18.7
陇南	80.6	62.0		18.6
临夏	70.8	49.5		21.3
甘南	29.3	12.3		17.0

2-A-4 各地区全社会建筑业企业负债合计

单位：亿元

地区	合计	总承包和专业承包企业	劳务分包企业	资质以外企业
全省	**2137.7**	**1767.3**	**2.65**	**367.7**
兰州	1366.6	1228.0	0.4	138.3
嘉峪关	28.4	23.1	1.0	4.3
金昌	78.0	74.3	0.2	3.5
白银	69.4	46.1	0.2	23.1
天水	196.5	100.2	0.7	95.6
武威	40.6	32.4		8.3
张掖	78.4	56.5		21.9
平凉	29.1	21.7		7.3
酒泉	73.1	48.7		24.5
庆阳	49.1	36.2		12.9
定西	45.7	37.3	0.3	8.2
陇南	47.7	39.4		8.3
临夏	23.2	19.1		4.1
甘南	12.0	4.5		7.5

2-A-5　各行业全社会建筑业企业个数

单位：个

行　　业	合计	总承包和专业承包企业	劳务分包企业	资质以外企业
全 省	**13473**	**1572**	**27**	**11874**
房屋建筑业	3602	831	11	2760
土木工程建筑业	3643	403	5	3235
铁路、道路、隧道和桥梁工程建筑	1272	197	3	1072
水利和水运工程建筑	301	93		208
海洋工程建筑				
工矿工程建筑	49	12		37
架线和管道工程建筑	225	44	2	179
建筑安装业	1789	131	8	1650
建筑装饰、装修业和其他建筑业	4439	207	3	4229

注：土木工程建筑业取部分中类行业数据，行业分项之和不等于合计。

2-A-6　各行业全社会建筑业企业期末人数

单位：万人

行　　业	合计	总承包和专业承包企业	劳务分包企业	资质以外企业
全 省	**59.2**	**50.0**	**0.4**	**8.8**
房屋建筑业	39.2	36.0	0.4	2.8
土木工程建筑业	12.9	9.9		3.0
铁路、道路、隧道和桥梁工程建筑	6.8	5.7		1.1
水利和水运工程建筑	1.9	1.7		0.2
海洋工程建筑				
工矿工程建筑	0.8	0.7		0.1
架线和管道工程建筑	1.2	1.1		0.1
建筑安装业	4.1	3.1		1.0
建筑装饰、装修业和其他建筑业	2.9	1.0		1.9

注：土木工程建筑业取部分中类行业数据，行业分项之和不等于合计。

2-A-7 各行业全社会建筑业企业资产总计

单位：亿元

行　业	合计	总承包和专业承包企业	劳务分包企业	资质以外企业
全 省	**3253.8**	**2498.7**	**4.9**	**750.2**
房屋建筑业	1725.5	1567.1	2.1	156.3
土木工程建筑业	1143.1	747.7	2.3	393.1
铁路、道路、隧道和桥梁工程建筑	799.4	534.7	1.8	263.0
水利和水运工程建筑	107.7	80.1		27.7
海洋工程建筑				
工矿工程建筑	18.6	15.6		3.0
架线和管道工程建筑	69.0	53.2	0.5	15.3
建筑安装业	188.5	119.1	0.4	69.1
建筑装饰、装修业和其他建筑业	196.7	64.7	0.2	131.8

注：土木工程建筑业取部分中类行业数据，行业分项之和不等于合计。

2-A-8 各行业全社会建筑业企业负债合计

单位：亿元

行　业	合计	总承包和专业承包企业	劳务分包企业	资质以外企业
全 省	**2137.7**	**1767.3**	**2.7**	**367.7**
房屋建筑业	1167.9	1099.4	1.8	66.7
土木工程建筑业	745.8	543.1	0.5	202.2
铁路、道路、隧道和桥梁工程建筑	557.9	406.2	0.2	151.5
水利和水运工程建筑	54.1	46.8		7.3
海洋工程建筑				
工矿工程建筑	13.6	12.8		0.8
架线和管道工程建筑	31.1	25.6	0.3	5.1
建筑安装业	119.1	87.9	0.2	31.0
建筑装饰、装修业和其他建筑业	104.9	36.9	0.1	67.8

注：土木工程建筑业取部分中类行业数据，行业分项之和不等于合计。

B.总承包和专业承包建筑业企业

1.综合

2-B-1.1　按经济类型划分的总承包和专业承包企业主要经济指标

指　　标	单位	合计	内资企业	#国有	#集体	港澳台商投资企业	#港澳台商独资企业	外商投资企业	#外商独资企业
企业个数	个	1453	1452	72	69			1	
期末人数	万人	50.0	50.0	10.3	3.3				
自有固定资产原价	亿元	300.3	300.3	58.7	12.9				
自有固定资产净价	亿元	202.5	202.5	44.4	8.3				
自有施工机械设备总台数	万台	18.6	18.6	1.2	2.0				
自有施工机械设备净值	亿元	64.2	64.2	4.9	3.9				
自有施工机械设备总功率	万千瓦	347.9	347.8	28.4	15.2			0.1	
建筑业总产值	亿元	1808.0	1807.9	477.6	877.8				
#本年固定资产折旧	亿元	13.8	13.8	2.2	0.6				
#应付职工薪酬	亿元	163.0	163.0	27.3	14.9				
房屋施工面积	万平方米	10100.0	10100.0	2855.4	430.0				
房屋竣工面积	万平方米	2713.2	2713.2	398.4	200.4				
利润总额	亿元	55.2	55.1	4.8	2.8				
税金总额	亿元	81.7	81.7	13.0	5.6				
按总产值计算劳动生产率	元/人	334785	334790	493207	198047			204043	
技术装备率	元/人	12825	12825	4779	11753			40875	
动力装备率	千瓦/人	7.0	7.0	2.8	4.6			130.4	
房屋竣工率	%	26.9	26.9	14.0	46.6				
产值利润率	%	3.1	3.1	1.0	0.3			14.6	
产值利税率	%	6.8	6.8	3.7	1.0			20.0	

注：本表国有和集体均为大口径，其中，国有含国有、国有联营和国有独资公司；集体含集体、集体联营和股份合作。

2-B-1.2 总承包和专业承包企业主要经济指标完成情况

指　　标	单位	2018年	2017年	2018年比2017年增减(%)
建筑业企业个数	个	1453	1363	6.6
其中：大型企业	个	30	33	-9.1
中型企业	个	366	353	3.7
小微型企业	个	1057	977	8.2
从事建筑业活动的平均人数	万人	54.0	62.3	-13.4
签订合同额	亿元	3521.3	3508.9	0.4
#本年新签合同额	亿元	2058.0	2032.8	1.2
建筑业总产值	亿元	1808.0	1825.4	-1.0
建筑工程产值	亿元	1525.7	1573.2	-3.0
安装工程产值	亿元	193.2	180.2	7.2
其他产值	亿元	89.1	72.0	23.8
竣工产值	亿元	848.9	872.6	-2.7
房屋施工面积	万平方米	10100.0	9777.6	3.3
房屋竣工面积	万平方米	2713.2	3031.5	-10.5
年末自有施工机械设备净值	亿元	64.2	72.4	-11.4
年末自有施工机械设备总功率	万千瓦	347.9	384.4	-9.5
实收资本	亿元	424.1	427.6	-0.8
资产合计	亿元	2498.7	2258.7	10.6
负债合计	亿元	1767.3	1569.1	12.6
营业收入	亿元	1848.3	1904.1	-2.9
其中：大型企业	亿元	859.4	899.7	-4.5
中型企业	亿元	715.2	729.7	-2.0
小微型企业	亿元	273.7	274.7	-0.4
利润总额	亿元	55.2	60.9	-9.5
其中：大型企业	亿元	11.8	11.9	-0.7
中型企业	亿元	29.4	34.9	-15.6
小微型企业	亿元	13.9	14.1	-1.8
税金总额	亿元	81.7	81.8	-0.2

2-B-1.3　各地区总承包和专业承包企业签订合同情况

单位：万元

地　区	签订合同额	上年结转合同额	本年新签合同额
全　省	**35212642**	**14632872**	**20579770**
兰　州	21645446	9844406	11801041
嘉峪关	392865	80345	312521
金　昌	1522116	502834	1019282
白　银	934987	226261	708726
天　水	2208576	773922	1434655
武　威	1303059	340621	962437
张　掖	963547	426085	537462
平　凉	1097698	285810	811888
酒　泉	772720	210562	562158
庆　阳	1242686	359084	883601
定　西	1416615	817870	598745
陇　南	639307	267375	371932
临　夏	737744	310429	427315
甘　南	335275	187268	148007

2-B-1.4　各地区总承包和专业承包企业承包工程完成情况

单位：万元

地　区	直接从建设单位承揽工程完成的产值	自行完成施工产值	分包出去工程的产值	从建设单位以外承揽工程完成的产值
全　省	**18261528**	**17923734**	**337794**	**155815**
兰　州	10207474	9920751	286724	50534
嘉峪关	349847	349641	205	697
金　昌	1130927	1130927		30821
白　银	509266	497903	11363	7939
天　水	1257447	1255944	1503	2035
武　威	835942	832148	3795	5531
张　掖	570158	546617	23541	21511
平　凉	587682	584787	2895	770
酒　泉	623934	622145	1789	6124
庆　阳	704525	702886	1639	1577
定　西	650252	650252		8875
陇　南	339465	339187	278	9372
临　夏	413864	410153	3711	9686
甘　南	80746	80394	352	343

2-B-1.5 各地区总承包和专业承包总产值和竣工产值

单位：万元

地区	建筑业总产值	#装饰装修产值	#在外省完成的产值	按构成分组 建筑工程产值	安装工程产值	其他产值	竣工产值
全省	**18079549**	**473054**	**3009382**	**15256632**	**1931502**	**891415**	**8489369**
兰州	9971285	229727	2405044	8347632	1172082	451571	3834386
嘉峪关	350338	6352	3040	308866	25789	15683	183246
金昌	1161748	14701	368214	830146	186014	145588	451217
白银	505842	32923	36870	411583	38064	56195	300162
天水	1257979	99327	124249	1131111	99122	27746	593670
武威	837679	23671	12099	765821	32505	39353	467507
张掖	568128	15369	26163	511871	33167	23090	364882
平凉	585556	2938	30	539684	37723	8149	406674
酒泉	628269	10153	2065	489228	113577	25465	439338
庆阳	704463	6720	24676	585398	73631	45434	540214
定西	659127	15445		575380	77385	6361	438329
陇南	348559	4102		318658	15388	14512	152340
临夏	419839	3371	6932	364253	25075	30511	248971
甘南	80737	8255		77001	1979	1757	68434

2-B-1.6 各地区总承包和专业承包企业房屋建筑面积

地区	房屋施工面积（万平方米）	#本年新开工	房屋竣工面积（万平方米）	房屋竣工率（%）
全省	**10100.0**	**4097.2**	**2713.2**	**26.9**
兰州	5364.6	2158.7	1102.4	20.5
嘉峪关	113.4	68.2	54.9	48.5
金昌	501.3	203.6	180.8	36.1
白银	139.8	90.0	54.5	38.9
天水	1406.9	336.7	253.4	18.0
武威	362.4	180.2	137.4	37.9
张掖	401.3	205.9	143.5	35.8
平凉	342.3	168.1	185.7	54.3
酒泉	287.8	124.0	148.1	51.4
庆阳	292.2	179.9	143.2	49.0
定西	391.5	166.3	138.4	35.4
陇南	142.9	57.5	38.4	26.9
临夏	320.7	142.5	110.7	34.5
甘南	32.9	15.6	21.8	66.1

2-B-1.7　各地区按主要用途分的总承包和专业承包企业房屋竣工面积

单位：万平方米

地　区	合计	住宅房屋	商业及服务用房屋						办公用房　屋
				商厦房屋(批发和零售用房)	宾馆用房屋(住宿用房)	餐饮用房屋(餐饮用房)	商务会展用房屋	其他商业及服务用房屋(居民服务业用房)	
全　省	**2713.2**	**1862.5**	**250.7**	**48.1**	**29.6**	**3.1**	**5.8**	**164.2**	**110.4**
兰　州	1102.4	764.5	138.1	21.7	12.5	0.6	0.5	103.0	24.7
嘉峪关	54.9	37.2	5.0					4.9	
金　昌	180.8	131.3	6.1	0.6			5.0	0.5	1.5
白　银	54.5	30.5	5.4			0.1		5.3	2.9
天　水	253.4	188.7	11.6	1.5	4.5			5.6	4.8
武　威	137.4	82.6	17.2	8.3	3.1			5.8	7.3
张　掖	143.5	106.0	8.4	2.3		0.3	0.1	5.7	4.7
平　凉	185.7	145.3	11.2	10.3				0.9	7.9
酒　泉	148.1	101.1	14.7	0.7	1.5			12.5	13.1
庆　阳	143.2	79.1	12.7	0.8		0.3	0.1	11.5	17.8
定　西	138.4	94.9	4.1	0.5	0.1	0.1		3.3	7.3
陇　南	38.4	21.2	0.6					0.6	5.6
临　夏	110.7	67.9	12.4	1.1	7.4	1.6		2.4	8.6
甘　南	21.8	12.2	3.2	0.3	0.5	0.1	0.1	2.2	4.2

2-B-1.7　续表

单位：万平方米

地　区	科研、教育和医疗用房屋				文化、体育和娱乐用房屋	厂房及建筑物		仓库	其他未列明的房屋建筑物
		科学研究用房屋	教育用房　屋	医疗用房屋(卫生医疗用房)			#厂房		
全　省	**217.6**	**6.8**	**153.3**	**57.5**	**28.8**	**133.0**	**89.3**	**19.7**	**90.5**
兰　州	60.3	1.6	33.9	24.7	11.5	63.5	41.9	15.7	24.2
嘉峪关	3.1		2.2	0.8		5.7	4.8		4.0
金　昌	8.0		2.1	6.0	2.5	30.0	29.7	0.8	0.4
白　银	9.7	1.0	8.6	0.1	0.2	3.8		0.4	1.5
天　水	25.0	1.8	19.1	4.1	0.7	1.2	1.1	0.3	21.1
武　威	19.3		17.0	2.3	0.7	3.3	2.2	0.1	6.9
张　掖	7.2	0.5	4.4	2.3	0.6	5.4	2.0	0.1	11.1
平　凉	15.3		14.5	0.7	3.0	0.1	0.1		2.9
酒　泉	10.7	0.8	8.7	1.2	4.6	2.5	2.2		1.4
庆　阳	12.7	0.3	9.1	3.4	1.6	8.9	1.7	1.0	9.3
定　西	24.4	0.4	16.0	8.0	0.8	4.1	3.0	1.0	1.9
陇　南	3.9	0.3	1.7	1.9	0.2	2.5			4.5
临　夏	16.7		14.8	1.9	2.4	1.4	0.5	0.3	1.0
甘　南	1.3	0.1	1.2	0.1		0.7	0.1		0.1

2-B-1.8 各地区按主要用途分的总承包和专业承包企业房屋竣工价值

单位：万元

地 区	合计	住宅房屋	商业及服务用房屋	商厦房屋（批发和零售用房）	宾馆用房屋（住宿用房）	餐饮用房屋（餐饮用房）	商务会展用房屋	其他商业及服务用房屋（居民服务业用房）	办公用房 屋
全 省	**5516637**	**3441885**	**849030**	**88015**	**55033**	**8779**	**18409**	**678795**	**206820**
兰 州	2511519	1475538	629508	26627	22614	3351	998	575918	43674
嘉峪关	98664	62337	11547					11547	
金 昌	422424	267559	18055	706	2	2	17056	289	1140
白 银	117344	72340	10280	38		282		9959	7599
天 水	493998	364949	23238	3316	8397			11525	8603
武 威	276087	150858	37886	22010	5251	27	5	10594	17457
张 掖	204809	150233	10432	4572	14	437	229	5180	7565
平 凉	255734	188102	25177	23750				1427	9316
酒 泉	236831	161721	20094	892	2628			16575	22430
庆 阳	305228	177369	22366	3190	10	723	30	18413	33988
定 西	277797	200441	6231	585	231	264		5151	13023
陇 南	61693	32616	814					814	10674
临 夏	208690	118292	23249	1927	13483	3434		4406	22137
甘 南	45820	19533	10153	403	2403	260	91	6996	9214

2-B-1.8 续表

单位：万元

地 区	科研、教育和医疗用房屋	科学研究用房屋	教育用房 屋	医疗用房屋（卫生医疗用房）	文化、体育和娱乐用房屋	厂房及建筑物	#厂房	仓库	其他未列明的房屋建筑物
全 省	**465411**	**10432**	**341969**	**113010**	**59188**	**257304**	**189964**	**12975**	**224023**
兰 州	152892	1645	111993	39255	20944	81920	57111	8314	98730
嘉峪关	7222		5459	1763		11769	11589		5788
金 昌	24538		4825	19713	10611	99706	98706	348	467
白 银	15518	1872	13512	134	356	8328		386	2537
天 水	52362	1965	40487	9911	1225	2743	2600	800	40079
武 威	40830	70	36476	4284	1390	7789	6277	223	19655
张 掖	13733	1559	7140	5035	2035	8206	2910	25	12581
平 凉	24108		22605	1503	4776	280	280		3974
酒 泉	18980	1350	14798	2832	7519	2795	2500	72	3221
庆 阳	23863	579	16401	6883	2969	18234	2282	1592	24848
定 西	46560	790	30586	15184	1408	6147	3912	500	3489
陇 南	6589	565	3309	2715	330	5021			5650
临 夏	33156		29488	3668	5592	3495	1646	650	2119
甘 南	5060	39	4892	130	35	872	151	66	888

2-B-1.9　各地区总承包和专业承包企业施工机械设备情况

地　区	年末自有施工机械设备总台数（台）	年末自有施工机械设备总功率（千瓦）	年末自有施工机械设备净值（万元）	技术装备率（元/人）	动力装备率（千瓦/人）
全　省	**186032**	**3479422**	**641610**	**12825**	**7.0**
兰　州	44424	1057944	183808	9461	5.4
嘉峪关	1900	36979	5266	11577	8.1
金　昌	5126	130573	14209	4865	4.5
白　银	8966	127415	28040	11531	5.2
天　水	24840	189904	55946	13728	4.7
武　威	18731	202149	45405	15125	6.7
张　掖	11366	170148	61236	31166	8.7
平　凉	11860	168382	37628	13010	5.8
酒　泉	8994	166390	48916	25553	8.7
庆　阳	11540	151396	43506	12514	4.4
定　西	12239	146136	48856	18513	5.5
陇　南	5592	105612	30954	18541	6.3
临　夏	18998	85447	29543	10824	3.1
甘　南	1456	740947	8298	19375	173.0

2-B-1.10　各地区总承包和专业承包企业建筑材料消耗情况

地　区	钢材（吨）	木材（立方米）	水泥（吨）	玻璃		铝材（吨）
				重量箱	平方米	
全　省	**7047258**	**2031859**	**17998624**	**753921**	**6598315**	**181896**
兰　州	3236636	473282	8544097	138863	782286	31375
嘉峪关	83547	9781	145394	23356	152981	719
金　昌	679778	10427	180077	9819	56786	329
白　银	121203	32715	494551	11557	147828	4322
天　水	992450	477249	2714514	217165	1532772	9198
武　威	286076	242766	1203812	24026	238178	18689
张　掖	207925	182703	548090	69944	422968	11698
平　凉	473647	125129	709683	52579	798255	55244
酒　泉	192137	85283	543523	23220	855472	4496
庆　阳	168438	86062	648705	105729	634292	4967
定　西	263657	91516	1102833	50160	449568	10608
陇　南	127806	40626	477606	4833	114804	7466
临　夏	101503	153460	466225	16677	294033	6706
甘　南	112455	20860	219514	5993	118092	16079

2-B-1.11 各地区总承包和专业承包企业主要生产效益指标

地　区	建筑业企业个数（个）	从事建筑业活动的平均人数（人）	按总产值计算的劳动生产率（元/人）	人均竣工产值（元/人）	人均施工面积（平方米/人）	人均竣工面积（平方米/人）
全　省	**1453**	**540035**	**334785**	**157200**	**187**	**50**
兰　州	429	214261	465380	178959	250	51
嘉峪关	41	5102	686668	359165	222	108
金　昌	34	33570	346067	134411	149	54
白　银	68	25840	195759	116162	54	21
天　水	96	41671	301883	142466	338	61
武　威	92	31367	267057	149044	116	44
张　掖	186	23826	238449	153144	168	60
平　凉	57	29277	200006	138906	117	63
酒　泉	100	23496	267394	186984	123	63
庆　阳	76	32498	216771	166230	90	44
定　西	96	27594	238866	158849	142	50
陇　南	106	18856	184853	80791	76	20
临　夏	44	28334	148175	87870	113	39
甘　南	28	4343	185901	157574	76	50

2-B-1.12 各地区总承包和专业承包企业营业收入

单位：万元

地　区	营业收入	建筑业企业在境外完成的营业收入	企业总产值	建筑业总产值
全　省	**18483317**	**153431**	**18949619**	**18079549**
兰　州	9937422	140604	10162710	9971285
嘉峪关	339863	3805	358386	350338
金　昌	1135783		1171967	1161748
白　银	572263		527807	505842
天　水	1280580		1268749	1257979
武　威	691231	804	907255	837679
张　掖	717906	5933	659063	568128
平　凉	623123		637369	585556
酒　泉	635505		724677	628269
庆　阳	738481		787713	704463
定　西	665549	6	682686	659127
陇　南	411105	2238	419758	348559
临　夏	593821		527436	419839
甘　南	140685	41	114044	80737

2-B-1.13　各地区总承包和专业承包企业资产构成

单位：万元

地　区	资产总计	流动资产总计	#存货
全　省	**24987136**	**19503942**	**4109243**
兰　州	15570031	12432630	2590509
嘉峪关	322961	284628	51169
金　昌	1043771	724341	332695
白　银	707241	576317	137324
天　水	1362928	1102937	380630
武　威	649901	475147	61616
张　掖	1203826	856261	124493
平　凉	443534	335696	50539
酒　泉	907876	722340	62167
庆　阳	794851	623433	126009
定　西	742954	510730	81541
陇　南	619993	471585	46324
临　夏	494604	303233	50652
甘　南	122666	84664	13575

2-B-1.14　各地区总承包和专业承包企业固定资产情况

单位：万元

地　区	固定资产原价	固定资产折旧	#本年折旧	在建工程
全　省	**3003438**	**957854**	**138028**	**339681**
兰　州	1232911	418582	63132	97009
嘉峪关	48288	13469	755	2601
金　昌	236415	46645	3528	1722
白　银	118438	42589	8683	1219
天　水	236031	57472	6817	8156
武　威	145650	29732	3660	7939
张　掖	183270	41484	7592	36729
平　凉	105536	37490	6145	3395
酒　泉	185351	81017	10765	12332
庆　阳	161785	53581	5884	73734
定　西	145976	65097	5704	39129
陇　南	81376	27873	8505	26573
临　夏	101348	34559	4927	28273
甘　南	21063	8264	1932	871

2-B-1.15 各地区总承包和专业承包企业负债及所有者权益

单位：万元

地 区	负债合计	#流动负债	#应付账款	所有者权益	#实收资本
全 省	**17673153**	**15813735**	**6497885**	**7313984**	**4241466**
兰 州	12279681	10983925	4757546	3290350	1825359
嘉峪关	230600	230553	118352	92361	69871
金 昌	743318	678620	193712	300453	115355
白 银	460805	421394	167400	246436	135155
天 水	1002023	955933	480363	360906	280726
武 威	323474	262176	93571	326427	209056
张 掖	564935	483874	157464	638891	361489
平 凉	217448	202682	64610	226086	118055
酒 泉	486544	433233	145862	421332	229516
庆 阳	362399	344459	75813	432452	311131
定 西	372588	314703	120320	370366	184071
陇 南	393719	306636	64392	226274	183096
临 夏	190708	164079	48217	303896	168091
甘 南	44911	31471	10265	77755	50494

2-B-1.16 各地区总承包和专业承包企业实收资本

单位：万元

地 区	合计	国家资本	集体资本	法人资本	个人资本	港澳台资本	外商资本
全 省	**4241466**	**810206**	**205642**	**1843284**	**1382047**	**100**	**188**
兰 州	1825359	627555	60047	659983	477643		130
嘉峪关	69871	4358	14372	29402	21740		
金 昌	115355	5264	1269	63762	45061		
白 银	135155	14442	12141	80896	27677		
天 水	280726	18958	16130	130496	115142		
武 威	209056	10290	2617	107352	88798		
张 掖	361489	28189	10139	164519	158642		
平 凉	118055	16674	10842	54984	35555		
酒 泉	229516	19216	5307	125898	79095		
庆 阳	311131	26281	27460	151082	106150	100	58
定 西	184071	18351	11341	73734	80644		
陇 南	183096	4608	11294	102015	65179		
临 夏	168091	14600	21484	64281	67726		
甘 南	50494	1420	1200	34880	12994		

2-B-1.17　各地区总承包和专业承包企业收入情况

单位：万元

地区	主营业务收入	#主营业务成本	#主营业务税金及附加	其他业务收入	#其他业务利润
全省	**17946062**	**16466504**	**172383**	**537256**	**17856**
兰州	9618776	9010820	44430	318646	8294
嘉峪关	338869	322047	2622	994	275
金昌	1112420	1045387	9174	23363	537
白银	528371	479126	10160	43892	373
天水	1264054	1190505	13919	16526	2050
武威	670334	594743	12154	20898	-90
张掖	691048	579394	12597	26858	443
平凉	621933	565270	10839	1190	54
酒泉	584593	471958	9297	50911	1352
庆阳	735687	647841	11634	2795	578
定西	658573	569788	13435	6976	17
陇南	404629	362923	7631	6476	3183
临夏	590105	512669	11902	3717	768
甘南	126670	114034	2590	14015	24

2-B-1.18　各地区总承包和专业承包企业费用情况

单位：万元

地区	管理费用	销售费用	财务费用	#利息收入	#利息支出
全省	**555028**	**64823**	**162129**	**72712**	**189604**
兰州	277700	22267	96028	66138	140819
嘉峪关	11744	132	991	159	462
金昌	28899	1690	3147	4471	6899
白银	18677	1394	1963	-189	430
天水	30611	1288	9105	1057	7315
武威	17307	2216	6400	425	3656
张掖	29038	3964	11189	41	6182
平凉	15145	2896	3566	3	2747
酒泉	44893	17562	6072	-185	3241
庆阳	29526	2364	4989	203	3584
定西	19810	1876	6041	394	2931
陇南	14728	3437	8787	203	8232
临夏	11759	3109	3306	27	2793
甘南	5191	629	545	-34	312

2-B-1.19 各地区总承包和专业承包企业利润及税金情况

单位：万元

地　区	利润总额	#应交所得税	税金总额	主营业务税金及附加	应交增值税
全　省	**551497**	**124869**	**679249**	**172383**	**506866**
兰　州	148278	31790	265235	44430	220805
嘉峪关	2213	1077	11503	2622	8881
金　昌	31713	8954	32667	9174	23493
白　银	22138	5900	27175	10160	17014
天　水	20950	4735	47620	13919	33701
武　威	39182	10262	39139	12154	26985
张　掖	59086	13090	39738	12597	27141
平　凉	25776	7013	37039	10839	26200
酒　泉	56548	8947	29104	9297	19807
庆　阳	43956	10011	47495	11634	35861
定　西	43194	9530	36916	13435	23481
陇　南	12139	2615	25201	7631	17570
临　夏	41203	9489	35321	11902	23419
甘　南	5122	1456	5097	2590	2507

2-B-1.20 各地区总承包和专业承包企业应收工程款及企业亏损情况

地　区	应收工程款（万元）	企业个数（个）	#亏损企业个数	亏损企业的比重（%）
全　省	**7172458**	**1453**	**255**	**17.6**
兰　州	4522970	429	103	24.0
嘉峪关	123177	41	12	29.3
金　昌	168231	34	3	8.8
白　银	281648	68	7	10.3
天　水	376068	96	11	11.5
武　威	203244	92	10	10.9
张　掖	327297	186	40	21.5
平　凉	122664	57	13	22.8
酒　泉	266282	100	13	13.0
庆　阳	238374	76	8	10.5
定　西	217701	96	11	11.5
陇　南	146022	106	20	18.9
临　夏	140934	44	1	2.3
甘　南	37847	28	3	10.7

2-B-1.21　各地区总承包和专业承包企业主要经济效益指标

地　区	产值利润率(%)	产值利税率(%)	资本利润率(%)	资本利税率(%)	人均利润(元/人)	人均利税(元/人)	资产负债率(%)
全　省	**3.1**	**6.8**	**13.0**	**29.0**	**10212**	**22790**	**70.7**
兰　州	1.5	4.1	8.1	22.7	6920	19300	78.9
嘉峪关	0.6	3.9	3.2	19.6	4338	26884	71.4
金　昌	2.7	5.5	27.5	55.8	9447	19178	71.2
白　银	4.4	9.7	16.4	36.5	8567	19084	65.2
天　水	1.7	5.5	7.5	24.4	5027	16455	73.5
武　威	4.7	9.3	18.7	37.5	12491	24969	49.8
张　掖	10.4	17.4	16.3	27.3	24799	41477	46.9
平　凉	4.4	10.7	21.8	53.2	8804	21455	49.0
酒　泉	9.0	13.6	24.6	37.3	24067	36454	53.6
庆　阳	6.2	13.0	14.1	29.4	13526	28141	45.6
定　西	6.6	12.2	23.5	43.5	15653	29032	50.1
陇　南	3.5	10.7	6.6	20.4	6438	19803	63.5
临　夏	9.8	18.2	24.5	45.5	14542	27008	38.6
甘　南	6.3	12.7	10.1	20.2	11793	23529	36.6

2.按经济类型分组

2-B-2.1　各地区国有总承包和专业承包企业签订合同情况

单位：万元

地　区	签订合同额		
		上年结转合同额	本年新签合同额
全　省	**10152995**	**4299341**	**5853654**
兰　州	8428235	3760179	4668056
嘉峪关	3606		3606
金　昌	28901	2982	25919
白　银	75	4	72
天　水	1096457	376706	719751
武　威	388651	116369	272283
张　掖	37027	2845	34182
平　凉	50675	3555	47120
酒　泉	39273	15098	24175
庆　阳	8381	1847	6534
定　西	52167	18874	33293
陇　南	19548	882	18665
临　夏			
甘　南			

2-B-2.2 各地区国有总承包和专业承包企业承包工程完成情况

单位：万元

地区	直接从建设单位承揽工程完成的产值			从建设单位以外承揽工程完成的产值
		自行完成施工产值	分包出去工程的产值	
全省	**4868437**	**4770170**	**98267**	**5796**
兰州	3905709	3808335	97375	5015
嘉峪关	3606	3606		
金昌	15791	15791		
白银	75	75		
天水	548783	548783		
武威	211707	211707		
张掖	33527	32635	892	400
平凉	51003	51003		
酒泉	35132	35132		
庆阳	8968	8968		
定西	37698	37698		382
陇南	16438	16438		
临夏				
甘南				

2-B-2.3 各地区国有企业总承包和专业承包总产值和竣工产值

单位：万元

地区	建筑业总产值	#装饰装修产值	#在外省完成的产值	按构成分组			竣工产值
				建筑工程产值	安装工程产值	其他产值	
全省	**4775966**	**126716**	**1248624**	**3853423**	**761201**	**161342**	**1444322**
兰州	3813349	32831	1114023	2957343	736614	119393	1033576
嘉峪关	3606			3371		235	3606
金昌	15791			15791			348
白银	75			75			75
天水	548783	93885	122712	504894	19256	24632	236530
武威	211707		9762	200465		11242	39197
张掖	33035		80	32275	680	80	26538
平凉	51003			48885	2118		41604
酒泉	35132			27220	2212	5700	18500
庆阳	8968		2047	8968			8968
定西	38079			37698	322	60	17890
陇南	16438			16438			17490
临夏							
甘南							

2-B-2.4　各地区国有总承包和专业承包企业房屋建筑面积

地　区	房屋施工面积（万平方米）	#本年新开工	房屋竣工面积（万平方米）	房屋竣工率（%）
全　省	**2855.4**	**1216.4**	**398.4**	**14.0**
兰　州	2061.1	939.7	260.8	12.7
嘉峪关				
金　昌	0.9	0.1	0.8	89.6
白　银				
天　水	655.1	196.3	116.5	17.8
武　威	128.4	74.8	11.6	9.0
张　掖				
平　凉				
酒　泉	9.8	5.5	8.7	88.4
庆　阳				
定　西				
陇　南				
临　夏				
甘　南				

2-B-2.5　各地区按主要用途分的国有总承包和专业承包企业房屋竣工面积

单位：万平方米

地　区	合计	住宅房屋	商业及服务用房屋	办公用房　屋	科研、教育和医疗用房屋	文化、体育和娱乐用房屋	厂房及建筑物	仓库	其他未列明的房屋建筑物
全　省	**398.4**	**283.8**	**36.4**	**5.2**	**25.7**	**1.2**	**42.6**	**2.2**	**1.3**
兰　州	260.8	174.8	27.9	1.5	12.1	1.0	42.4	1.1	
嘉峪关									
金　昌	0.8							0.8	
白　银									
天　水	116.5	91.7	7.1	2.9	13.1	0.2		0.3	1.2
武　威	11.6	8.9	1.2	0.8	0.4		0.2		0.1
张　掖									
平　凉									
酒　泉	8.7	8.4	0.3						
庆　阳									
定　西									
陇　南									
临　夏									
甘　南									

2-B-2.6 各地区按主要用途分的国有总承包和专业承包企业房屋竣工价值

单位：万元

地区	合计	住宅房屋	商业及服务用房屋	办公用房屋	科研、教育和医疗用房屋	文化、体育和娱乐用房屋	厂房及建筑物	仓库	其他未列明的房屋建筑物
全省	**753625**	**555551**	**47017**	**11953**	**78240**	**3157**	**47263**	**3448**	**6996**
兰州	478084	342947	32839	3623	50297	3012	42967	2400	
嘉峪关									
金昌	348							348	
白银									
天水	234830	183109	12314	5547	26912	145		700	6102
武威	25918	15594	1320	2783	1032		4296		894
张掖									
平凉									
酒泉	14445	13900	545						
庆阳									
定西									
陇南									
临夏									
甘南									

2-B-2.7 各地区国有总承包和专业承包企业施工机械设备情况

地区	年末自有施工机械设备总台数（台）	年末自有施工机械设备总功率（千瓦）	年末自有施工机械设备净值（万元）	技术装备率（元/人）	动力装备率（千瓦/人）
全省	**11943**	**284490**	**49058**	**4779**	**2.8**
兰州	8935	218457	34507	4643	2.9
嘉峪关					
金昌	25	643	1010	21776	1.4
白银	1246	3266	3464	357144	33.7
天水	236	7169	809	517	0.5
武威	47	3975	1712	3343	0.8
张掖	219	489	1592	9759	0.3
平凉	746	36066	533	3771	25.5
酒泉	10	150	50	1247	0.4
庆阳	21	70	42	317	0.1
定西	426	11205	4189	21019	5.6
陇南	32	3000	1150	52729	13.8
临夏					
甘南					

2-B-2.8　各地区国有总承包和专业承包企业主要生产效益指标

地　区	建筑业企业个数（个）	从事建筑业活动的平均人数（人）	按总产值计算的劳动生产率（元/人）	人均竣工产值（元/人）	人均施工面积（平方米/人）	人均竣工面积（平方米/人）
全　省	**72**	**96835**	**493207**	**149153**	**295**	**41**
兰　州	30	70261	542741	147105	293	37
嘉峪关	1	33	1092606	1092606		
金　昌	3	288	548281	12083	32	29
白　银	2	97	7763	7763		
天　水	5	13308	412370	177735	492	88
武　威	5	5004	423076	78331	257	23
张　掖	7	1508	219066	175979		
平　凉	5	1399	364565	297382		
酒　泉	3	1257	279494	147176	78	69
庆　阳	2	1304	68776	68776		
定　西	7	2174	175158	82289		
陇　南	2	202	813772	865822		
临　夏						
甘　南						

2-B-2.9　各地区国有总承包和专业承包企业营业收入

单位：万元

地　区	营业收入	在境外完成的营业收入	企业总产值	建筑业总产值
全　省	**4578773**	**137750**	**4846110**	**4775966**
兰　州	3719516	137650	3851387	3813349
嘉峪关	3606		3606	3606
金　昌	30307		17381	15791
白　银	12498		649	75
天　水	513532		549450	548783
武　威	130874	100	212835	211707
张　掖	37589		34517	33035
平　凉	49624		51003	51003
酒　泉	31682		58920	35132
庆　阳	5568		8968	8968
定　西	35513		39022	38079
陇　南	8465		18372	16438
临　夏				
甘　南				

2-B-2.10 各地区国有总承包和专业承包企业资产构成

单位：万元

地区	资产总计	流动资产总计	#存货
全省	**7145365**	**5402849**	**1079109**
兰州	6150129	4632786	850430
嘉峪关	2979	2847	489
金昌	17728	14396	2644
白银	24239	14357	525
天水	630390	529293	210319
武威	63072	44360	3558
张掖	57663	39292	2621
平凉	40084	25499	447
酒泉	35750	28421	
庆阳	31061	13742	
定西	66238	35353	8054
陇南	26033	22505	22
临夏			
甘南			

2-B-2.11 各地区国有总承包和专业承包企业固定资产情况

单位：万元

地区	固定资产原价	固定资产折旧	#本年折旧	在建工程
全省	**586811**	**142443**	**21947**	**55912**
兰州	407152	111592	17296	32062
嘉峪关	226	96	20	
金昌	3443	1174	403	33
白银	5428	1330	48	103
天水	93274	6677	968	510
武威	16458	3342	406	
张掖	21151	4515	729	
平凉	15150	5003	942	114
酒泉	7501	1190	257	
庆阳	2363	1840	138	1777
定西	9454	3748	435	21204
陇南	5212	1936	305	109
临夏				
甘南				

2-B-2.12 各地区国有总承包和专业承包企业负债及所有者权益

单位：万元

地区	负债合计	#流动负债	#应付账款	所有者权益	#实收资本
全省	**5741200**	**4858735**	**1877574**	**1404165**	**667609**
兰州	4978535	4118608	1523472	1171594	501860
嘉峪关	2732	2732	1868	247	220
金昌	14090	13701	8961	3638	1582
白银	11667	8074	4177	12572	8322
天水	551537	549524	271309	78852	56825
武威	46457	46186	24488	16615	14500
张掖	28904	25060	12465	28758	21031
平凉	20828	20749	12838	19256	14913
酒泉	21818	21066	3670	13932	7898
庆阳	10334	10172	5228	20727	22020
定西	33496	22343	7756	32742	13830
陇南	20802	20523	1345	5231	4608
临夏					
甘南					

2-B-2.13 各地区国有总承包和专业承包企业实收资本

单位：万元

地区	合计	国家资本	集体资本	法人资本	个人资本	港澳台资本	外商资本
全省	**667609**	**496276**	**2100**	**169234**			
兰州	501860	380589		121271			
嘉峪关	220	220					
金昌	1582	310		1272			
白银	8322	8322					
天水	56825	18758		38067			
武威	14500	7877		6624			
张掖	21031	18931	2100				
平凉	14913	14913					
酒泉	7898	7898					
庆阳	22020	22020					
定西	13830	11830		2000			
陇南	4608	4608					
临夏							
甘南							

2-B-2.14 各地区国有总承包和专业承包企业收入情况

单位：万元

地区	主营业务收入	#主营业务成本	#主营业务税金及附加	其他业务收入	#其他业务利润
全省	**4423664**	**4216978**	**16867**	**155109**	**3594**
兰州	3570951	3403761	14023	148565	3066
嘉峪关	3371	2902	14	235	
金昌	29778	28802	97	528	528
白银	12483	11222	34	15	15
天水	512346	497681	1028	1186	90
武威	130611	127207	189	263	-90
张掖	35858	30043	300	1732	1
平凉	49620	45682	584	5	5
酒泉	31682	29903	111		
庆阳	5568	4096	178		-22
定西	32932	27701	243	2581	
陇南	8465	7977	68		
临夏					
甘南					

2-B-2.15 各地区国有总承包和专业承包企业费用情况

单位：万元

地区	管理费用	销售费用	财务费用	#利息收入	#利息支出
全省	**103831**	**1497**	**26550**	**59933**	**85427**
兰州	77513	1362	24750	59236	82760
嘉峪关	423				1
金昌	1271		107	-5	112
白银	1151		-4	11	7
天水	9414	10	1766	873	2499
武威	1972	14	38	56	8
张掖	3958	111	139	13	49
平凉	2501		-6	-9	3
酒泉	1227		-201	-208	
庆阳	131		-1	2	1
定西	3146		-41	-25	-12
陇南	1123		2	-11	
临夏					
甘南					

2-B-2.16 各地区国有总承包和专业承包企业利润及税金情况

单位：万元

地区	利润总额	#应交所得税	税金总额	主营业务税金及附加	应交增值税
全省	**48054**	**11361**	**115929**	**16867**	**99062**
兰州	37480	9270	87923	14023	73900
嘉峪关	66	9	100	14	86
金昌	54	10	743	97	646
白银	465	77	116	34	81
天水	1445	363	15045	1028	14017
武威	872	643	3767	189	3578
张掖	1076	310	3073	300	2773
平凉	866	191	2336	584	1752
酒泉	638	176	196	111	85
庆阳	4353	40	416	178	239
定西	670	139	1703	243	1460
陇南	69	134	513	68	445
临夏					
甘南					

2-B-2.17 各地区国有总承包和专业承包企业应收工程款及企业亏损情况

地区	应收工程款（万元）	企业个数（个）	#亏损企业个数	亏损企业的比重（%）
全省	**1909355**	**72**	**7**	**9.7**
兰州	1636280	30	2	6.7
嘉峪关	1354	1		
金昌	6815	3		
白银	8524	2		
天水	186753	5		
武威	21111	5		
张掖	15240	7	1	14.3
平凉	13222	5		
酒泉	4611	3	1	33.3
庆阳	2694	2		
定西	8514	7	2	28.6
陇南	4238	2	1	50.0
临夏				
甘南				

2-B-2.18 各地区国有总承包和专业承包企业主要经济效益指标

地区	产值利润率(%)	产值利税率(%)	资本利润率(%)	资本利税率(%)	人均利润(元/人)	人均利税(元/人)	资产负债率(%)
全省	**1.0**	**3.4**	**7.2**	**24.6**	**4962**	**16934**	**80.3**
兰州	1.0	3.3	7.5	25.0	5334	17848	81.0
嘉峪关	1.8	4.6	30.0	75.5	19939	50212	91.7
金昌	0.3	5.0	3.4	50.4	1882	27688	79.5
白银	617.8	771.2	5.6	7.0	47959	59866	48.1
天水	0.3	3.0	2.5	29.0	1086	12391	87.5
武威	0.4	2.2	6.0	32.0	1742	9270	73.7
张掖	3.3	12.6	5.1	19.7	7135	27511	50.1
平凉	1.7	6.3	5.8	21.5	6190	22884	52.0
酒泉	1.8	2.4	8.1	10.6	5075	6633	61.0
庆阳	48.5	53.2	19.8	21.7	33380	36573	33.3
定西	1.8	6.2	4.8	17.2	3083	10915	50.6
陇南	0.4	3.5	1.5	12.6	3406	28787	79.9
临夏							
甘南							

2-B-2.19 各地区集体总承包和专业承包企业签订合同情况

单位：万元

地区	签订合同额	上年结转合同额	本年新签合同额
全省	**1038375**	**388933**	**649442**
兰州	83578	22935	60642
嘉峪关	70283	21732	48551
金昌	400	300	100
白银	55506	4173	51333
天水	109474	60255	49219
武威			
张掖	68450	13181	55269
平凉	58475	24321	34154
酒泉	151290	35780	115510
庆阳	17894	983	16910
定西	253882	139244	114638
陇南	12241	3108	9133
临夏	156904	62920	93983
甘南			

2-B-2.20　各地区集体总承包和专业承包企业承包工程完成情况

单位：万元

地　区	直接从建设单位承揽工程完成的产值	自行完成施工产值	分包出去工程的产值	从建设单位以外承揽工程完成的产值
全　省	**687182**	**679630**	**7552**	**10504**
兰　州	59957	59957		
嘉峪关	56190	56078	112	112
金　昌	870	870		
白　银	51590	44155	7435	7308
天　水	90679	90679		
武　威				
张　掖	54742	54742		
平　凉	36399	36399		
酒　泉	110630	110630		970
庆　阳	15976	15976		
定　西	96848	96848		
陇　南	8869	8864	5	2114
临　夏	104433	104433		
甘　南				

2-B-2.21　各地区集体企业总承包和专业承包总产值和竣工产值

单位：万元

地　区	建筑业总产值	#装饰装修产值	#在外省完成的产值	按构成分组			竣工产值
				建筑工程产值	安装工程产值	其他产值	
全　省	**690134**	**8498**	**20016**	**569060**	**72220**	**48855**	**481566**
兰　州	59957	4235	100	35685	2344	21928	25924
嘉峪关	56190			44935	425	10830	43998
金　昌	870			870			
白　银	51463			48689	2554	220	41709
天　水	90679			88461	2218		64945
武　威							
张　掖	54742		19916	37507	10419	6816	34038
平　凉	36399			34708	1691		25077
酒　泉	111600	3356		98901	12699		96675
庆　阳	15976	1		15617	233	126	3309
定　西	96848	245		66733	30115		64313
陇　南	10978	69		9848	1130		3961
临　夏	104433	592		87105	8393	8935	77619
甘　南							

2-B-2.22　各地区集体总承包和专业承包企业房屋建筑面积

地　区	房屋施工面积（万平方米）	#本年新开工	房屋竣工面积（万平方米）	房屋竣工率（%）
全　省	**430.0**	**201.3**	**200.4**	**46.6**
兰　州	12.6	1.1	4.6	36.6
嘉峪关	22.0	11.1	11.6	52.7
金　昌				
白　银	18.3	18.3	17.1	93.3
天　水	47.8	11.9	27.8	58.3
武　威				
张　掖	11.9	5.5	7.2	60.7
平　凉	32.7	18.8	12.0	36.7
酒　泉	78.7	55.4	61.1	77.6
庆　阳	1.8	1.6	1.7	97.9
定　西	89.7	24.7	27.6	30.8
陇　南	5.5	2.0	1.0	18.2
临　夏	109.1	50.8	28.6	26.2
甘　南				

2-B-2.23　各地区按主要用途分的集体总承包和专业承包企业房屋竣工面积

单位：万平方米

地　区	合计								
		住宅房屋	商业及服务用房屋	办公用房　屋	科研、教育和医疗用房屋	文化、体育和娱乐用房屋	厂房及建筑物	仓　库	其他未列明的房屋建筑物
全　省	**200.4**	**134.9**	**10.1**	**9.3**	**19.9**	**4.2**	**6.1**	**0.3**	**15.5**
兰　州	4.6	3.4	0.2	0.6			0.3		
嘉峪关	11.6	8.8					0.9		1.9
金　昌									
白　银	17.1	13.6		1.4	0.1		2.0		
天　水	27.8	11.7	2.5		3.8				9.8
武　威									
张　掖	7.2	5.4		0.7					1.1
平　凉	12.0	9.1			2.5	0.4			
酒　泉	61.1	47.6	2.9	4.7	2.8	2.1			1.0
庆　阳	1.7	1.6	0.1						
定　西	27.6	21.5	0.4	0.4	2.3		2.4		0.6
陇　南	1.0			0.5	0.5				
临　夏	28.6	12.0	3.9	1.1	8.0	1.7	0.5	0.3	1.0
甘　南									

2-B-2.24　各地区按主要用途分的集体总承包和专业承包企业房屋竣工价值

单位：万元

地　区	合计	住宅房屋	商业及服务用房屋	办公用房　屋	科研、教育和医疗用房屋	文化、体育和娱乐用房屋	厂房及建筑物	仓　库	其他未列明的房屋建筑物
全　省	**378830**	**247129**	**21841**	**17989**	**40751**	**9020**	**9879**	**650**	**31570**
兰　州	3648	1951	550	503	8	30	511		97
嘉峪关	19468	14492					180		4796
金　昌									
白　银	40410	32324		3100	86		4900		
天　水	57286	24047	6480		7814				18946
武　威									
张　掖	11101	7347		2066					1688
平　凉	25077	19650			4467	959			
酒　泉	94790	71526	4069	8252	4930	3941			2072
庆　阳	3309	2387	922						
定　西	61677	49753	1774	924	4731		2642		1853
陇　南	1876	3	46	1034	793				
临　夏	60187	23651	8001	2111	17921	4089	1646	650	2119
甘　南									

2-B-2.25　各地区集体总承包和专业承包企业施工机械设备情况

地　区	年末自有施工机械设备总台数（台）	年末自有施工机械设备总功率（千瓦）	年末自有施工机械设备净值（万元）	技术装备率（元/人）	动力装备率（千瓦/人）
全　省	**20450**	**152303**	**39200**	**11753**	**4.6**
兰　州	3059	17424	4660	18567	6.9
嘉峪关	213	7031	917	11277	8.6
金　昌	45	2250	420	99952	53.6
白　银	320	280	4800	9903	0.1
天　水	2132	21871	8980	30700	7.5
武　威					
张　掖	366	7063	1461	7091	3.4
平　凉	968	12020	3150	7323	2.8
酒　泉	3186	13071	2998	6322	2.8
庆　阳	208	6419	822	11644	9.1
定　西	2233	22085	2807	8472	6.7
陇　南	646	15381	2249	27390	18.7
临　夏	7074	27408	5936	9468	4.4
甘　南					

2-B-2.26 各地区集体总承包和专业承包企业主要生产效益指标

地 区	建筑业企业个数（个）	从事建筑业活动的平均人数（人）	按总产值计算的劳动生产率（元/人）	人均竣工产值（元/人）	人均施工面积（平方米/人）	人均竣工面积（平方米/人）
全 省	**69**	**34847**	**198047**	**138194**	**123**	**58**
兰 州	17	2790	214900	92916	45	17
嘉峪关	4	1357	414073	324228	162	85
金 昌	1	42	207214			
白 银	3	4584	112266	90988	40	37
天 水	7	2941	308325	220825	163	95
武 威						
张 掖	4	2744	199496	124043	43	26
平 凉	4	4454	81721	56302	73	27
酒 泉	8	4205	265399	229905	187	145
庆 阳	4	690	231542	47959	26	25
定 西	3	4084	237140	157475	220	68
陇 南	7	841	130535	47099	66	12
临 夏	7	6115	170781	126932	178	47
甘 南						

2-B-2.27 各地区集体总承包和专业承包企业营业收入

单位：万元

地 区	营业收入	在境外完成的营业收入	企业总产值	建筑业总产值
全 省	**709538**	**286**	**696512**	**690134**
兰 州	41479		60258	59957
嘉峪关	71960		56190	56190
金 昌	894		870	870
白 银	60117		51463	51463
天 水	88489		90679	90679
武 威				
张 掖	56746		54742	54742
平 凉	36634		36547	36399
酒 泉	112570		111600	111600
庆 阳	15944		15976	15976
定 西	84398		96848	96848
陇 南	27731	286	16858	10978
临 夏	112574		104483	104433
甘 南				

2-B-2.28　各地区集体总承包和专业承包企业资产构成

单位：万元

地　区	资产总计	流动资产总计	#存货
全　省	**511604**	**403444**	**49592**
兰　州	46286	39003	3811
嘉峪关	47574	43982	3979
金　昌	3737	2579	496
白　银	61257	53327	1344
天　水	58878	45811	8483
武　威			
张　掖	50178	40017	1684
平　凉	19245	10854	931
酒　泉	55181	36713	2991
庆　阳	11766	8290	1563
定　西	38499	26260	2944
陇　南	34424	28716	946
临　夏	84578	67892	20420
甘　南			

2-B-2.29　各地区集体总承包和专业承包企业固定资产情况

单位：万元

地　区	固定资产原价	固定资产折旧	#本年折旧	在建工程
全　省	**129037**	**46461**	**6221**	**3645**
兰　州	9999	3152	322	211
嘉峪关	6967	3928	329	
金　昌	1740	582	26	
白　银	7729	2709	190	
天　水	17240	6771	849	978
武　威				
张　掖	11656	2193	1327	276
平　凉	5595	1139	19	
酒　泉	24975	8697	1555	1808
庆　阳	3287	638	11	
定　西	22137	10138	81	
陇　南	7186	3258	242	373
临　夏	10525	3255	1271	
甘　南				

2-B-2.30 各地区集体总承包和专业承包企业负债及所有者权益

单位：万元

地区	负债合计	#流动负债	#应付账款	所有者权益	#实收资本
全省	**307511**	**268505**	**122088**	**204092**	**113144**
兰州	35113	33492	22540	11173	15659
嘉峪关	33229	33209	10510	14344	12164
金昌	966	966		2771	2101
白银	38022	38011	10703	23235	4908
天水	38729	35664	20339	20149	15709
武威					
张掖	28487	28487	18006	21692	9518
平凉	7770	5491	921	11476	7400
酒泉	26808	21128	15285	28373	10102
庆阳	7300	1027	348	4466	3649
定西	15081	15081	512	23418	9231
陇南	24491	22870	10645	9934	7007
临夏	51517	33080	12279	33061	15696
甘南					

2-B-2.31 各地区集体总承包和专业承包企业实收资本

单位：万元

地区	合计	国家资本	集体资本	法人资本	个人资本	港澳台资本	外商资本
全省	**113144**	**1800**	**89887**	**14879**	**6420**	**100**	**58**
兰州	15659	80	10012	2213	3354		
嘉峪关	12164		11972	62	130		
金昌	2101	1649	452				
白银	4908		4908				
天水	15709		10312	5397			
武威							
张掖	9518		6241	2150	1127		
平凉	7400		7400				
酒泉	10102		5207	3322	1573		
庆阳	3649	71	1670	1535	216	100	58
定西	9231		9231				
陇南	7007		6787	200	20		
临夏	15696		15696				
甘南							

2-B-2.32　各地区集体总承包和专业承包企业收入情况

单位：万元

地区	主营业务收入	#主营业务成本	#主营业务税金及附加	其他业务收入	#其他业务利润
全省	**689067**	**599920**	**14933**	**20471**	**302**
兰州	41391	44857	348	88	
嘉峪关	71593	67034	1406	367	270
金昌	870	737	1	24	
白银	40160	36072	340	19957	
天水	88489	82746	2173		
武威					
张掖	56746	50430	478		
平凉	36634	32411	2043		
酒泉	112565	75200	2080	5	5
庆阳	15944	13088	375		
定西	84398	72496	3835		
陇南	27731	24321	514		
临夏	112545	100527	1340	29	27
甘南					

2-B-2.33　各地区集体总承包和专业承包企业费用情况

单位：万元

地区	管理费用	销售费用	财务费用	#利息收入	#利息支出
全省	**25082**	**4671**	**2476**	**63**	**767**
兰州	2499	864	38	7	35
嘉峪关	2793	7	6	-34	1
金昌	132	2	-1	-1	
白银	735		387	23	79
天水	2328	157	95	1	31
武威					
张掖	1636	15	-8	-18	4
平凉	465	436	283	2	160
酒泉	8915	624	746	1	79
庆阳	883	230	308		
定西	950	155	420	10	296
陇南	2447	32	-18	66	
临夏	1300	2150	220	6	83
甘南					

2-B-2.34 各地区集体总承包和专业承包企业利润及税金情况

单位：万元

地 区	利润总额	#应交所得税	税金总额	主营业务税金及附加	应交增值税
全 省	**27908**	**9698**	**44998**	**14933**	**30065**
兰 州	-6877	135	2844	348	2496
嘉峪关	568	142	3873	1406	2467
金 昌	4	1	5	1	4
白 银	3575	1180	1787	340	1447
天 水	960	367	4923	2173	2750
武 威					
张 掖	4233	1105	5015	478	4538
平 凉	997	448	4274	2043	2231
酒 泉	8473	1775	6593	2080	4513
庆 阳	1061	163	1293	375	919
定 西	7146	1675	6159	3835	2323
陇 南	722	193	1690	514	1176
临 夏	7046	2515	6544	1340	5204
甘 南					

2-B-2.35 各地区集体总承包和专业承包企业应收工程款及企业亏损情况

地 区	应收工程款（万元）	企业个数（个）	#亏损企业个数	亏损企业的比重（%）
全 省	**217286**	**69**	**7**	**10.1**
兰 州	15360	17	5	29.4
嘉峪关	20936	4		
金 昌		1		
白 银	33811	3		
天 水	17007	7	1	14.3
武 威				
张 掖	31335	4		
平 凉	2600	4		
酒 泉	19084	8		
庆 阳	4583	4		
定 西	18826	3		
陇 南	15705	7	1	14.3
临 夏	38040	7		
甘 南				

2-B-2.36　各地区集体总承包和专业承包企业主要经济效益指标

地　区	产值利润率(%)	产值利税率(%)	资本利润率(%)	资本利税率(%)	人均利润(元/人)	人均利税(元/人)	资产负债率(%)
全　省	**4.0**	**10.6**	**24.7**	**64.4**	**8009**	**20922**	**60.1**
兰　州	-11.5	-6.7	-43.9	-25.8	-24650	-14457	75.9
嘉峪关	1.0	7.9	4.7	36.5	4186	32724	69.8
金　昌	0.4	1.0	0.2	0.4	905	2024	25.9
白　银	6.9	10.4	72.8	109.2	7798	11695	62.1
天　水	1.1	6.5	6.1	37.4	3265	20003	65.8
武　威							
张　掖	7.7	16.9	44.5	97.2	15427	33705	56.8
平　凉	2.7	14.5	13.5	71.2	2238	11834	40.4
酒　泉	7.6	13.5	83.9	149.1	20149	35829	48.6
庆　阳	6.6	14.7	29.1	64.5	15371	34112	62.0
定　西	7.4	13.7	77.4	144.1	17499	32578	39.2
陇　南	6.6	22.0	10.3	34.4	8586	28681	71.1
临　夏	6.7	13.0	44.9	86.6	11523	22224	60.9
甘　南							

2-B-2.37　各地区私营总承包和专业承包企业签订合同情况

单位：万元

地　区	签订合同额		
		上年结转合同额	本年新签合同额
全　省	**6328927**	**2455090**	**3873837**
兰　州	2262931	832739	1430192
嘉峪关	181672	48061	133612
金　昌	2655	1081	1574
白　银	314546	21436	293110
天　水	480951	212747	268203
武　威	299945	68871	231074
张　掖	470404	207521	262883
平　凉	184933	59688	125245
酒　泉	177650	32657	144993
庆　阳	720841	194551	526290
定　西	516499	336478	180022
陇　南	240637	118345	122292
临　夏	301871	179074	122797
甘　南	173393	141842	31551

2-B-2.38 各地区私营总承包和专业承包企业承包工程完成情况

单位：万元

地区	直接从建设单位承揽工程完成的产值			从建设单位以外承揽工程完成的产值
		自行完成施工产值	分包出去工程的产值	
全省	**3055077**	**3022312**	**32764**	**41165**
兰州	841181	832786	8396	19020
嘉峪关	168275	168182	93	538
金昌	2687	2687		
白银	120448	116862	3587	45
天水	232372	231033	1339	1280
武威	206563	206171	392	1574
张掖	269146	255369	13777	14651
平凉	115782	113360	2423	298
酒泉	171245	170264	982	240
庆阳	371938	370299	1639	1577
定西	237983	237983		996
陇南	137632	137617	15	8
临夏	144476	144431	45	891
甘南	35347	35270	77	49

2-B-2.39 各地区私营企业总承包和专业承包总产值和竣工产值

单位：万元

地区	建筑业总产值			按构成分组			竣工产值
		#装饰装修产值	#在外省完成的产值	建筑工程产值	安装工程产值	其他产值	
全省	**3063478**	**115981**	**326534**	**2650995**	**283476**	**129007**	**1741224**
兰州	851806	82539	310089	681550	116148	54108	339718
嘉峪关	168719	2930	3040	163336	2055	3329	103450
金昌	2687			1532	581	575	3284
白银	116907	899	291	98305	8049	10553	53530
天水	232313	1605		226312	4853	1148	148643
武威	207744	6931	850	189606	12945	5193	114967
张掖	270020	8721	5917	240280	16878	12862	170004
平凉	113657	660	30	100339	12425	894	87106
酒泉	170504	542	736	87510	70478	12516	137467
庆阳	371876	5198	5580	350797	14472	6607	295024
定西	238979	5631		215540	18522	4917	112187
陇南	137625	230		126701	5295	5629	67373
临夏	145322			134081	636	10605	71730
甘南	35319	98		35109	140	71	36741

2-B-2.40　各地区私营总承包和专业承包企业房屋建筑面积

地　区	房屋施工面积 (万平方米)	#本年新开工	房屋竣工面积 (万平方米)	房屋竣工率 (%)
全　省	**1240.0**	**581.0**	**493.5**	**39.8**
兰　州	159.1	69.4	46.5	29.2
嘉峪关	74.9	46.6	36.6	48.8
金　昌	1.2	1.2	0.2	17.4
白　银	51.2	20.9	14.9	29.0
天　水	147.2	53.7	56.4	38.3
武　威	55.0	29.5	25.7	46.7
张　掖	204.3	109.0	79.5	38.9
平　凉	72.2	32.5	30.3	42.0
酒　泉	69.6	15.9	26.9	38.6
庆　阳	168.0	113.6	74.7	44.5
定　西	93.6	31.3	39.3	42.0
陇　南	36.2	18.9	16.9	46.7
临　夏	93.3	29.1	32.4	34.7
甘　南	14.4	9.6	13.2	92.0

2-B-2.41　各地区按主要用途分的私营总承包和专业承包企业房屋竣工面积

单位：万平方米

地　区	合计	住宅房屋	商业及服务用房屋	办公用房　屋	科研、教育和医疗用房屋	文化、体育和娱乐用房屋	厂房及建筑物	仓　库	其他未列明的房屋建筑物
全　省	**493.5**	**307.2**	**43.4**	**28.1**	**55.4**	**4.5**	**13.6**	**1.2**	**40.1**
兰　州	46.5	25.7	7.4	0.8	1.1	0.3	2.6		8.5
嘉峪关	36.6	26.4	5.0		3.0				2.1
金　昌	0.2	0.2							
白　银	14.9	2.6	5.3	0.3	5.7		0.9		
天　水	56.4	42.7	0.3	1.0	3.1				9.3
武　威	25.7	14.2	3.9	1.5	4.5		0.5		0.9
张　掖	79.5	47.2	7.9	3.2	6.8	0.6	4.4	0.1	9.2
平　凉	30.3	26.2	0.9	1.1	0.6		0.1		1.4
酒　泉	26.9	18.5	0.4	3.4	2.2	2.4			
庆　阳	74.7	49.8	4.8	5.3	7.1	0.8	2.3	1.0	3.6
定　西	39.3	19.1	1.3	4.2	12.5	0.2	1.6		0.4
陇　南	16.9	5.6	0.6	3.5	2.1	0.2	0.4		4.5
临　夏	32.4	21.9	4.4	0.2	5.9				
甘　南	13.2	7.0	1.2	3.7	0.6		0.6		

2-B-2.42 各地区按主要用途分的私营总承包和专业承包企业房屋竣工价值

单位：万元

地 区	合计	住宅房屋	商业及服务用房屋	办公用房 屋	科研、教育和医疗用房屋	文化、体育和娱乐用房屋	厂房及建筑物	仓库	其他未列明的房屋建筑物
全 省	**896257**	**574160**	**77199**	**53743**	**104899**	**8079**	**19895**	**1693**	**56588**
兰 州	89279	51588	13483	1946	2405	859	2502		16495
嘉峪关	64522	44761	11547		7222				992
金 昌	420	320							100
白 银	26026	4709	9948	457	9697		1216		
天 水	97201	76758	903	1466	5777				12298
武 威	54641	30029	7562	2830	10529	51	987	10	2643
张 掖	115117	69912	9700	3951	12959	1960	7080	25	9531
平 凉	45940	39607	1427	1632	1396		160		1717
酒 泉	36823	25686	367	6206	1143	3421			
庆 阳	170607	125039	8530	11735	13202	1020	3224	1592	6266
定 西	90141	49345	1711	8702	25906	403	3244		830
陇 南	26416	8844	768	6838	3325	330	661		5650
临 夏	55963	36906	8732	62	10263				
甘 南	23161	10657	2521	7918	1077	35	821	66	66

2-B-2.43 各地区私营总承包和专业承包企业施工机械设备情况

地 区	年末自有施工机械设备总台数（台）	年末自有施工机械设备总功率（千瓦）	年末自有施工机械设备净值（万元）	技术装备率（元/人）	动力装备率（千瓦/人）
全 省	**57078**	**634086**	**197183**	**18438**	**5.9**
兰 州	6699	103386	27372	15541	5.9
嘉峪关	1273	7249	1689	6645	2.9
金 昌	346	2245	702	31886	10.2
白 银	1204	20689	8978	20294	4.7
天 水	14794	68385	23222	18216	5.4
武 威	9913	80217	11274	13035	9.3
张 掖	7303	114735	33151	31572	10.9
平 凉	2153	47792	15298	19734	6.2
酒 泉	826	14647	9436	36349	5.6
庆 阳	4376	75270	21725	14811	5.1
定 西	3603	48584	15978	14460	4.4
陇 南	1191	21475	10312	18573	3.9
临 夏	2997	26841	15479	21731	3.8
甘 南	400	2571	2570	17017	1.7

2-B-2.44　各地区私营总承包和专业承包企业主要生产效益指标

地　区	建筑业企业个数（个）	从事建筑业活动的平均人数（人）	按总产值计算的劳动生产率（元/人）	人均竣工产值（元/人）	人均施工面积（平方米/人）	人均竣工面积（平方米/人）
全　省	**653**	**117937**	**259755**	**147640**	**105**	**42**
兰　州	185	20550	414504	165313	77	23
嘉峪关	27	2476	681418	417809	302	148
金　昌	8	250	107468	131368	46	8
白　银	28	5044	231774	106127	102	30
天　水	36	13670	169944	108737	108	41
武　威	36	9440	220068	121787	58	27
张　掖	119	11648	231817	145951	175	68
平　凉	19	7802	145677	111646	93	39
酒　泉	26	3734	456625	368149	186	72
庆　阳	45	15085	246520	195574	111	50
定　西	51	11443	208843	98040	82	34
陇　南	40	7371	186712	91403	49	23
临　夏	21	7892	184139	90890	118	41
甘　南	12	1532	230544	239826	94	86

2-B-2.45　各地区私营总承包和专业承包企业营业收入

单位：万元

地　区	营业收入	在境外完成的营业收入	企业总产值	建筑业总产值
全　省	**3365015**	**11062**	**3378579**	**3063478**
兰　州	854166	1793	869546	851806
嘉峪关	135946	3805	170034	168719
金　昌	10311		5187	2687
白　银	146401		117077	116907
天　水	268975		232952	232313
武　威	184679	699	230619	207744
张　掖	359680	3205	344640	270020
平　凉	134115		113999	113657
酒　泉	195510		223478	170504
庆　阳	376087		383121	371876
定　西	238854	6	248739	238979
陇　南	151425	1513	149229	137625
临　夏	249087		244869	145322
甘　南	59780	41	45091	35319

2-B-2.46 各地区私营总承包和专业承包企业资产构成

单位：万元

地区	资产总计	流动资产总计	#存货
全省	**5069254**	**3611953**	**686460**
兰州	1928476	1283846	217577
嘉峪关	124130	106569	21206
金昌	14104	11045	471
白银	206634	179574	93209
天水	255910	187254	45604
武威	194519	134417	13324
张掖	628187	421924	71216
平凉	94726	60174	11920
酒泉	327495	289694	29752
庆阳	504479	396885	101349
定西	309615	233473	31788
陇南	225865	158851	31747
临夏	204926	110859	10136
甘南	50190	37388	7163

2-B-2.47 各地区私营总承包和专业承包企业固定资产情况

单位：万元

地区	固定资产原价	固定资产折旧	#本年折旧	在建工程
全省	**626799**	**203996**	**32458**	**160378**
兰州	111378	56624	9651	23947
嘉峪关	23934	1681	313	535
金昌	2219	638	117	
白银	20596	5991	1374	
天水	62028	22296	1750	6072
武威	46300	4108	885	3181
张掖	88441	20869	3770	20030
平凉	38601	16693	1670	617
酒泉	26961	6033	1176	842
庆阳	99655	31067	4310	71417
定西	33378	17151	1732	12880
陇南	26754	10678	3088	11179
临夏	39316	8608	2339	9214
甘南	7239	1558	283	464

2-B-2.48　各地区私营总承包和专业承包企业负债及所有者权益

单位：万元

地　区	负债合计	#流动负债	#应付账款	所有者权益	#实收资本
全　省	**2813329**	**2364973**	**620956**	**2255926**	**1538810**
兰　州	1270925	987533	202208	657552	501647
嘉峪关	78213	78185	35955	45917	42082
金　昌	3143	2868	612	10961	7894
白　银	128166	114271	22979	78468	46846
天　水	135953	118952	68139	119957	78415
武　威	96689	79320	23925	97830	71944
张　掖	251998	217929	67069	376189	234596
平　凉	37405	35082	15948	57321	36156
酒　泉	188813	182774	49182	138682	88044
庆　阳	231183	222361	30822	273296	181543
定　西	139679	131822	54873	169936	80972
陇　南	150266	103039	17561	75600	63522
临　夏	82614	80253	28780	122312	87047
甘　南	18284	10584	2901	31906	18103

2-B-2.49　各地区私营总承包和专业承包企业实收资本

单位：万元

地　区	合计	国家资本	集体资本	法人资本	个人资本	港澳台资本	外商资本
全　省	**1538810**	**633**	**3067**	**857278**	**677833**		
兰　州	501647	633		259744	241270		
嘉峪关	42082			21977	20106		
金　昌	7894			2157	5737		
白　银	46846			36276	10571		
天　水	78415			33884	44531		
武　威	71944			45565	26379		
张　掖	234596		1793	120289	112515		
平　凉	36156		1000	17188	17968		
酒　泉	88044			65865	22179		
庆　阳	181543		11	104073	77459		
定　西	80972			40786	40185		
陇　南	63522		263	41229	22029		
临　夏	87047			55548	31499		
甘　南	18103			12697	5406		

2-B-2.50 各地区私营总承包和专业承包企业收入情况

单位：万元

地区	主营业务收入	#主营业务成本	#主营业务税金及附加	其他业务收入	#其他业务利润
全省	**3314491**	**2926178**	**45778**	**50525**	**3803**
兰州	852002	758295	7006	2165	789
嘉峪关	135865	129753	614	81	
金昌	10302	9037	115	8	8
白银	142728	130533	3325	3673	
天水	265310	238712	5192	3665	1950
武威	165429	146376	2655	19250	
张掖	345941	279373	7799	13739	442
平凉	134068	119394	1875	47	47
酒泉	191100	156938	2445	4410	
庆阳	375722	331754	5214	365	365
定西	238825	207580	2933	30	1
陇南	148802	138643	3315	2623	
临夏	248903	226527	1465	184	178
甘南	59494	53264	1826	286	24

2-B-2.51 各地区私营总承包和专业承包企业费用情况

单位：万元

地区	管理费用	销售费用	财务费用	#利息收入	#利息支出
全省	**106879**	**20169**	**49840**	**39980**	**1895**
兰州	35935	8528	28342	25953	1349
嘉峪关	3384	123	870	225	42
金昌	361	13	39	39	
白银	3971	1193	322	174	-264
天水	7417	376	2862	2406	150
武威	5012	495	1577	726	178
张掖	15537	3563	4361	2826	23
平凉	4005	1734	1042	438	1
酒泉	5784	351	1720	821	2
庆阳	11990	1305	4577	3364	28
定西	4463	774	1875	1408	355
陇南	3168	660	636	369	2
临夏	4239	536	1278	1094	21
甘南	1614	519	339	137	9

2-B-2.52　各地区私营总承包和专业承包企业利润及税金情况

单位：万元

地　区	利润总额	#应交所得税	税金总额	主营业务税金及附加	应交增值税
全　省	**177175**	**35788**	**160413**	**45778**	**114635**
兰　州	24573	3143	34428	7006	27422
嘉峪关	1072	353	3972	614	3358
金　昌	718	177	313	115	198
白　银	5354	1577	7587	3325	4262
天　水	12751	2694	11905	5192	6713
武　威	10611	3247	10558	2655	7903
张　掖	33720	7057	20395	7799	12595
平　凉	6177	1770	8646	1875	6770
酒　泉	22889	2851	8365	2445	5921
庆　阳	21797	5176	20999	5214	15785
定　西	18338	3468	11778	2933	8845
陇　南	3316	1019	8638	3315	5324
临　夏	13732	2494	10230	1465	8765
甘　南	2127	761	2601	1826	774

2-B-2.53　各地区私营总承包和专业承包企业应收工程款及企业亏损情况

地　区	应收工程款（万元）	企业个数（个）	#亏损企业个数	亏损企业的比重(%)
全　省	**1159785**	**653**	**135**	**20.7**
兰　州	345246	185	54	29.2
嘉峪关	31490	27	9	33.3
金　昌	7395	8	1	12.5
白　银	49713	28	5	17.9
天　水	68062	36	4	11.1
武　威	66830	36	6	16.7
张　掖	152435	119	27	22.7
平　凉	24713	19	5	26.3
酒　泉	80348	26	2	7.7
庆　阳	144380	45	5	11.1
定　西	94697	51	4	7.8
陇　南	30217	40	10	25.0
临　夏	50492	21	1	4.8
甘　南	13767	12	2	16.7

2-B-2.54 各地区私营总承包和专业承包企业主要经济效益指标

地区	产值利润率(%)	产值利税率(%)	资本利润率(%)	资本利税率(%)	人均利润(元/人)	人均利税(元/人)	资产负债率(%)
全省	**5.8**	**11.0**	**11.5**	**21.9**	**15023**	**28625**	**55.5**
兰州	2.9	6.9	4.9	11.8	11958	28711	65.9
嘉峪关	0.6	3.0	2.5	12.0	4330	20373	63.0
金昌	26.7	38.4	9.1	13.1	28712	41228	22.3
白银	4.6	11.1	11.4	27.6	10615	25657	62.0
天水	5.5	10.6	16.3	31.4	9328	18037	53.1
武威	5.1	10.2	14.7	29.4	11240	22425	49.7
张掖	12.5	20.0	14.4	23.1	28949	46458	40.1
平凉	5.4	13.0	17.1	41.0	7918	18999	39.5
酒泉	13.4	18.3	26.0	35.5	61300	83702	57.7
庆阳	5.9	11.5	12.0	23.6	14450	28370	45.8
定西	7.7	12.6	22.6	37.2	16026	26318	45.1
陇南	2.4	8.7	5.2	18.8	4499	16218	66.5
临夏	9.4	16.5	15.8	27.5	17400	30362	40.3
甘南	6.0	13.4	11.7	26.1	13881	30858	36.4

2-B-2.55 各地区股份制总承包和专业承包企业签订合同情况

单位：万元

地区	签订合同额		
		上年结转合同额	本年新签合同额
全省	**17691876**	**7489509**	**10202367**
兰州	10870234	5228552	5641682
嘉峪关	137304	10552	126752
金昌	1490160	498471	991689
白银	564860	200649	364212
天水	521695	124214	397481
武威	614463	155382	459081
张掖	387667	202538	185129
平凉	803615	198246	605369
酒泉	404507	127027	277480
庆阳	495570	161704	333867
定西	594067	323274	270792
陇南	366882	145040	221842
临夏	278970	68435	210536
甘南	161882	45426	116456

2-B-2.56　各地区股份制总承包和专业承包企业承包工程完成情况

单位：万元

地　区	直接从建设单位承揽工程完成的产值	自行完成施工产值	分包出去工程的产值	从建设单位以外承揽工程完成的产值
全　省	**9650363**	**9451153**	**199210**	**98349**
兰　州	5400158	5219204	180954	26500
嘉峪关	121777	121777		47
金　昌	1111579	1111579		30821
白　银	337152	336811	341	586
天　水	385614	385450	164	755
武　威	417673	414270	3403	3958
张　掖	212743	203872	8871	6460
平　凉	384498	384026	472	472
酒　泉	306926	306119	807	4914
庆　阳	307642	307642		
定　西	277723	277723		7497
陇　南	176525	176267	258	7251
临　夏	164955	161289	3666	8795
甘　南	45399	45124	275	294

2-B-2.57　各地区股份制总承包和专业承包企业总产值和竣工产值

单位：万元

地　区	建筑业总产值	#装饰装修产值	#在外省完成的产值	按构成分组			竣工产值
				建筑工程产值	安装工程产值	其他产值	
全　省	**9549502**	**221389**	**1414208**	**8182816**	**814474**	**552212**	**4821788**
兰　州	5245704	109653	980833	4672717	316846	256142	2434699
嘉峪关	121824	3422		97224	23310	1290	32193
金　昌	1142400	14701	368214	811954	185433	145013	447584
白　银	337398	32024	36579	264514	27461	45422	204847
天　水	386204	3837	1537	311444	72795	1965	143552
武　威	418228	16741	1487	375749	19560	22918	313343
张　掖	210332	6648	250	201809	5191	3332	134303
平　凉	384498	2278		355753	21490	7254	252887
酒　泉	311033	6255	1329	275597	28187	7249	186696
庆　阳	307642	1521	17048	210015	58926	38701	232912
定　西	285221	9569		255410	28427	1384	243940
陇　南	183518	3803		165671	8964	8883	63516
临　夏	170084	2779	6932	143067	16046	10971	99622
甘　南	45418	8157		41892	1839	1687	31693

2-B-2.58 各地区股份制总承包和专业承包企业房屋建筑面积

地 区	房屋施工面积（万平方米）	#本年新开工	房屋竣工面积（万平方米）	房屋竣工率（%）
全 省	**5574.5**	**2098.5**	**1620.8**	**29.1**
兰 州	3131.8	1148.6	790.5	25.2
嘉峪关	16.5	10.5	6.8	41.1
金 昌	499.1	202.4	179.8	36.0
白 银	70.3	50.7	22.5	32.0
天 水	556.9	74.9	52.7	9.5
武 威	179.0	75.9	100.2	56.0
张 掖	185.1	91.4	56.8	30.7
平 凉	237.5	116.8	143.4	60.4
酒 泉	129.6	47.2	51.4	39.6
庆 阳	122.4	64.6	66.7	54.5
定 西	208.3	110.3	71.5	34.3
陇 南	101.2	36.7	20.5	20.2
临 夏	118.3	62.5	49.7	42.0
甘 南	18.5	6.1	8.5	46.1

2-B-2.59 各地区按主要用途分的股份制总承包和专业承包企业房屋竣工面积

单位：万平方米

地 区	合计	住宅房屋	商业及服务用房屋	办公用房屋	科研、教育和医疗用房屋	文化、体育和娱乐用房屋	厂房及建筑物	仓 库	其他未列明的房屋建筑物
全 省	**1620.8**	**1136.6**	**160.7**	**67.8**	**116.6**	**18.9**	**70.6**	**16.0**	**33.6**
兰 州	790.5	560.6	102.6	21.8	47.0	10.3	18.2	14.4	15.7
嘉峪关	6.8	2.0					4.8		
金 昌	179.8	131.2	6.1	1.5	8.0	2.5	30.0		0.4
白 银	22.5	14.2	0.1	1.2	3.9	0.2	0.9	0.4	1.5
天 水	52.7	42.6	1.7	0.9	5.0	0.5	1.2	0.1	0.8
武 威	100.2	59.4	12.1	5.0	14.4	0.6	2.5	0.1	6.0
张 掖	56.8	53.3	0.4	0.8	0.4		1.0		0.8
平 凉	143.4	110.0	10.3	6.8	12.2	2.6	0.1		1.5
酒 泉	51.4	26.6	11.1	5.1	5.6	0.1	2.5		0.4
庆 阳	66.7	27.6	7.8	12.5	5.6	0.8	6.6		5.7
定 西	71.5	54.3	2.3	2.8	9.6	0.5	0.1	1.0	0.9
陇 南	20.5	15.6		1.6	1.3		2.0		
临 夏	49.7	34.0	4.1	7.3	2.7	0.8	0.8		
甘 南	8.5	5.2	2.0	0.5	0.8				

2-B-2.60　各地区按主要用途分的股份制总承包和专业承包企业房屋竣工价值

单位：万元

地　区	合计	住宅房屋	商业及服务用房屋	办公用房　屋	科研、教育和医疗用房屋	文化、体育和娱乐用房屋	厂房及建筑物	仓　库	其他未列明的房屋建筑物
全　省	**3487926**	**2065046**	**702972**	**123134**	**241521**	**38933**	**180266**	**7184**	**128870**
兰　州	1940508	1079053	582636	37602	100183	17043	35940	5914	82138
嘉峪关	14674	3085					11589		
金　昌	421656	267239	18055	1140	24538	10611	99706		367
白　银	50907	35308	332	4042	5735	356	2211	386	2537
天　水	104681	81035	3541	1590	11860	1080	2743	100	2733
武　威	195527	105234	29005	11844	29270	1339	2506	212	16118
张　掖	78591	72974	732	1548	774	75	1126		1362
平　凉	184718	128845	23750	7684	18245	3817	120		2257
酒　泉	90773	50609	15113	7972	12907	156	2795	72	1149
庆　阳	131312	49943	12915	22253	10661	1949	15010		18582
定　西	125980	101343	2745	3397	15923	1005	261	500	805
陇　南	33402	23768		2802	2471		4360		
临　夏	92539	57735	6517	19964	4972	1503	1849		
甘　南	22659	8876	7631	1296	3984		51		822

2-B-2.61　各地区股份制总承包和专业承包企业施工机械设备情况

地　区	年末自有施工机械设备总台数（台）	年末自有施工机械设备总功率（千瓦）	年末自有施工机械设备净值（万元）	技术装备率（元/人）	动力装备率（千瓦/人）
全　省	**96542**	**2407500**	**356137**	**13840**	**9.4**
兰　州	25712	717634	117236	11742	7.2
嘉峪关	414	22699	2661	22899	19.5
金　昌	4710	125435	12078	4240	4.4
白　银	6196	103180	10797	7223	6.9
天　水	7678	92479	22935	24296	9.8
武　威	8771	117957	32419	19952	7.3
张　掖	3478	47861	25033	45872	8.8
平　凉	7993	72504	18647	12066	4.7
酒　泉	4972	138522	36431	31949	12.1
庆　阳	6935	69637	20917	11573	3.9
定　西	5977	64262	25882	25794	6.4
陇　南	3723	65756	17245	17067	6.5
临　夏	8927	31198	8128	5846	2.2
甘　南	1056	738376	5729	20659	266.3

2-B-2.62 各地区股份制总承包和专业承包企业主要生产效益指标

地 区	建筑业企业个数（个）	从事建筑业活动的平均人数（人）	按总产值计算的劳动生产率（元/人）	人均竣工产值（元/人）	人均施工面积（平方米/人）	人均竣工面积（平方米/人）
全 省	**658**	**290393**	**328848**	**166044**	**192**	**56**
兰 州	196	120637	434834	201820	260	66
嘉峪关	9	1236	985628	260461	134	55
金 昌	22	32990	346287	135673	151	55
白 银	35	16115	209369	127116	44	14
天 水	48	11752	328629	122151	474	45
武 威	51	16923	247136	185158	106	59
张 掖	56	7926	265369	169446	234	72
平 凉	29	15622	246126	161879	152	92
酒 泉	63	14300	217506	130557	91	36
庆 阳	25	15419	199522	151055	79	43
定 西	35	9893	288305	246578	211	72
陇 南	57	10442	175749	60827	97	20
临 夏	16	14327	118716	69534	83	35
甘 南	16	2811	161571	112746	66	30

2-B-2.63 各地区股份制总承包和专业承包企业营业收入

单位：万元

地 区	营业收入		企业总产值	
		在境外完成的营业收入		建筑业总产值
全 省	**9829522**	**4333**	**10027949**	**9549502**
兰 州	5321792	1161	5381050	5245704
嘉峪关	128351		128558	121824
金 昌	1094271		1148528	1142400
白 银	353247		358619	337398
天 水	409584		395669	386204
武 威	375678	5	463800	418228
张 掖	263891	2728	225165	210332
平 凉	402750		435821	384498
酒 泉	295743		330678	311033
庆 阳	340882		379648	307642
定 西	306783		298078	285221
陇 南	223484	439	235300	183518
临 夏	232161		178084	170084
甘 南	80905		68953	45418

2-B-2.64 各地区股份制总承包和专业承包企业资产构成

单位：万元

地 区	资产合计	#流动资产合计	#存货
全 省	**12259337**	**10084119**	**2294082**
兰 州	7443564	6475419	1518691
嘉峪关	148279	131230	25494
金 昌	1008202	696321	329084
白 银	415111	329059	42247
天 水	417752	340579	116225
武 威	392309	296370	44734
张 掖	467798	355028	48972
平 凉	289480	239170	37241
酒 泉	489450	367512	29425
庆 阳	247545	204516	23097
定 西	328602	215644	38755
陇 南	333671	261513	13609
临 夏	205100	124482	20096
甘 南	72476	47275	6412

2-B-2.65 各地区股份制总承包和专业承包企业固定资产情况

单位：万元

地 区	固定资产原价	固定资产折旧	#本年折旧	在建工程
全 省	**1660727**	**564891**	**77402**	**119745**
兰 州	704318	247150	35863	40789
嘉峪关	17161	7764	92	2066
金 昌	229012	44251	2984	1689
白 银	84685	32559	7071	1117
天 水	63489	21728	3250	596
武 威	82892	22283	2368	4758
张 掖	62023	13907	1767	16423
平 凉	46190	14654	3514	2664
酒 泉	125914	65098	7776	9683
庆 阳	56480	20036	1426	540
定 西	81007	34059	3456	5045
陇 南	42224	12001	4870	14912
临 夏	51507	22695	1318	19059
甘 南	13825	6706	1649	407

2-B-2.66 各地区股份制总承包和专业承包企业负债及所有者权益

单位：万元

地 区	负债合计	#流动负债	#应付账款	所有者权益	#实收资本
全 省	**8810979**	**8321387**	**3877220**	**3448358**	**1921404**
兰 州	5994975	5844158	3009280	1448589	805694
嘉峪关	116427	116427	70019	31852	15406
金 昌	725119	661085	184139	283083	103779
白 银	282950	261037	129541	132161	75079
天 水	275804	251794	120576	141947	129778
武 威	180328	136670	45158	211982	122612
张 掖	255547	212398	59924	212251	96343
平 凉	151446	141360	34903	138033	59587
酒 泉	249106	208265	77724	240345	123472
庆 阳	113582	110900	39416	133963	103919
定 西	184332	145458	57179	144270	80038
陇 南	198161	160203	34840	135510	107959
临 夏	56577	50746	7158	148523	65348
甘 南	26627	20887	7364	45849	32391

2-B-2.67 各地区股份制总承包和专业承包企业实收资本

单位：万元

地 区	合计	国家资本	集体资本	法人资本	个人资本	港澳台资本	外商资本
全 省	**1921404**	**311498**	**110588**	**801523**	**697794**		
兰 州	805694	246253	50036	276386	233019		
嘉峪关	15406	4138	2400	7364	1504		
金 昌	103779	3305	817	60333	39324		
白 银	75079	6119	7233	44620	17106		
天 水	129778	200	5819	53148	70611		
武 威	122612	2413	2617	55163	62420		
张 掖	96343	9258	5	42080	45000		
平 凉	59587	1761	2443	37795	17588		
酒 泉	123472	11318	100	56711	55343		
庆 阳	103919	4190	25779	45474	28476		
定 西	80038	6521	2110	30948	40459		
陇 南	107959		4243	60585	43130		
临 夏	65348	14600	5788	8733	36227		
甘 南	32391	1420	1200	22184	7588		

2-B-2.68 各地区股份制总承包和专业承包企业收入情况

单位：万元

地 区	主营业务收入	#主营业务成本	#主营业务税金及附加	其他业务收入	#其他业务利润
全 省	**9518370**	**8723067**	**94803**	**311152**	**10158**
兰 州	5153964	4803546	23051	167828	4439
嘉峪关	128040	122358	588	311	5
金 昌	1071469	1006810	8960	22802	
白 银	333000	301299	6462	20247	358
天 水	397909	371366	5526	11676	9
武 威	374294	321160	9310	1384	
张 掖	252503	219548	4020	11388	
平 凉	401611	367783	6337	1139	3
酒 泉	249246	209918	4662	46497	1347
庆 阳	338453	298903	5868	2430	235
定 西	302418	262010	6425	4365	16
陇 南	219631	191982	3734	3853	3183
临 夏	228657	185615	9097	3504	563
甘 南	67176	60770	763	13729	

2-B-2.69 各地区股份制总承包和专业承包企业费用情况

单位：万元

地 区	管理费用	销售费用	财务费用	#利息收入	#利息支出
全 省	**319212**	**38472**	**83263**	**10821**	**63430**
兰 州	161730	11499	42898	5546	32072
嘉峪关	5144	2	115	151	236
金 昌	27135	1676	3002	4477	6748
白 银	12819	201	1257	41	171
天 水	11453	745	4382	33	2379
武 威	10323	1706	4786	191	2923
张 掖	7907	275	6697	24	3303
平 凉	8175	726	2248	9	2146
酒 泉	28967	16587	3806	21	2341
庆 阳	16522	829	105	173	220
定 西	11252	947	3786	53	1238
陇 南	7990	2746	8167	145	7863
临 夏	6220	423	1809	1	1617
甘 南	3577	110	206	-43	175

2-B-2.70 各地区股份制总承包和专业承包企业利润及税金情况

单位：万元

地区	利润总额	#应交所得税	税金总额	主营业务税金及附加	应交增值税
全　省	**298292**	**68013**	**357893**	**94803**	**263090**
兰　州	93034	19234	140024	23051	116973
嘉峪关	507	573	3558	588	2971
金　昌	30937	8766	31606	8960	22646
白　银	12744	3067	17686	6462	11224
天　水	5794	1311	15747	5526	10221
武　威	27700	6371	24814	9310	15504
张　掖	20057	4618	11255	4020	7236
平　凉	17735	4605	21784	6337	15447
酒　泉	24548	4146	13950	4662	9288
庆　阳	16746	4632	24787	5868	18919
定　西	17039	4248	17277	6425	10852
陇　南	8032	1268	14360	3734	10626
临　夏	20424	4480	18548	9097	9451
甘　南	2995	695	2496	763	1733

2-B-2.71 各地区股份制总承包和专业承包企业应收工程款及企业亏损情况

地区	应收工程款(万元)	企业个数(个)	#亏损企业个数	亏损企业的比重(%)
全　省	**3885922**	**658**	**106**	**16.1**
兰　州	2525974	196	42	21.4
嘉峪关	69397	9	3	33.3
金　昌	154021	22	2	9.1
白　银	189601	35	2	5.7
天　水	104246	48	6	12.5
武　威	115304	51	4	7.8
张　掖	128286	56	12	21.4
平　凉	82129	29	8	27.6
酒　泉	162239	63	10	15.9
庆　阳	86717	25	3	12.0
定　西	95665	35	5	14.3
陇　南	95861	57	8	14.0
临　夏	52403	16		
甘　南	24080	16	1	6.3

2-B-2.72　各地区股份制总承包和专业承包企业主要经济效益指标

地　区	产值利润率(%)	产值利税率(%)	资本利润率(%)	资本利税率(%)	人均利润(元/人)	人均利税(元/人)	资产负债率(%)
全　省	**3.1**	**6.9**	**15.5**	**34.2**	**10272**	**22596**	**71.9**
兰　州	1.8	4.4	11.5	28.9	7712	19319	80.5
嘉峪关	0.4	3.3	3.3	26.4	4103	32891	78.5
金　昌	2.7	5.5	29.8	60.3	9378	18958	71.9
白　银	3.8	9.0	17.0	40.5	7908	18883	68.2
天　水	1.5	5.6	4.5	16.6	4930	18330	66.0
武　威	6.6	12.6	22.6	42.8	16368	31031	46.0
张　掖	9.5	14.9	20.8	32.5	25305	39506	54.6
平　凉	4.6	10.3	29.8	66.3	11353	25297	52.3
酒　泉	7.9	12.4	19.9	31.2	17167	26922	50.9
庆　阳	5.4	13.5	16.1	40.0	10860	26936	45.9
定　西	6.0	12.0	21.3	42.9	17223	34687	56.1
陇　南	4.4	12.2	7.4	20.7	7692	21444	59.4
临　夏	12.0	22.9	31.3	59.6	14256	27202	27.6
甘　南	6.6	12.1	9.2	17.0	10655	19534	36.7

2-B-2.73　各地区外商投资总承包和专业承包企业签订合同情况

单位：万元

地　区	签订合同额		
		上年结转合同额	本年新签合同额
全　省	**469**		**469**
兰　州	469		469
嘉峪关			
金　昌			
白　银			
天　水			
武　威			
张　掖			
平　凉			
酒　泉			
庆　阳			
定　西			
陇　南			
临　夏			
甘　南			

2-B-2.74　各地区外商投资总承包和专业承包企业承包工程完成情况

单位：万元

地　区	直接从建设单位承揽工程完成的产值	自行完成施工产值	分包出去工程的产值	从建设单位以外承揽工程完成的产值
全　省	**469**	**469**		
兰　州	469	469		
嘉峪关				
金　昌				
白　银				
天　水				
武　威				
张　掖				
平　凉				
酒　泉				
庆　阳				
定　西				
陇　南				
临　夏				
甘　南				

2-B-2.75　各地区外商投资总承包和专业承包企业总产值和竣工产值

单位：万元

地　区	建筑业总产值	#装饰装修产值	#在外省完成的产值	按构成分组			竣工产值
				建筑工程产值	安装工程产值	其他产值	
全　省	**469**	**469**		**338**	**131**		**469**
兰　州	469	469		338	131		469
嘉峪关							
金　昌							
白　银							
天　水							
武　威							
张　掖							
平　凉							
酒　泉							
庆　阳							
定　西							
陇　南							
临　夏							
甘　南							

2-B-2.76 各地区外商投资总承包和专业承包企业施工机械设备情况

地 区	年末自有施工机械设备总台数（台）	年末自有施工机械设备总功率（千瓦）	年末自有施工机械设备净值（万元）	技术装备率（元/人）	动力装备率（千瓦/人）
全 省	**19**	**1043**	**33**	**4087500**	**13037.5**
兰 州	19	1043	33	4087500	13037.5
嘉峪关					
金 昌					
白 银					
天 水					
武 威					
张 掖					
平 凉					
酒 泉					
庆 阳					
定 西					
陇 南					
临 夏					
甘 南					

2-B-2.77 各地区外商投资总承包和专业承包企业主要生产效益指标

地 区	建筑业企业个数（个）	从事建筑业活动的平均人数（人）	按总产值计算的劳动生产率（元/人）	人均竣工产值（元/人）	人均施工面积（平方米/人）	人均竣工面积（平方米/人）
全 省	**1**	**23**	**204043**	**204044**		
兰 州	1	23	204043	204044		
嘉峪关						
金 昌						
白 银						
天 水						
武 威						
张 掖						
平 凉						
酒 泉						
庆 阳						
定 西						
陇 南						
临 夏						
甘 南						

2-B-2.78 各地区外商投资总承包和专业承包企业营业收入

单位：万元

地 区	营业收入	在境外完成的营业收入	企业总产值	建筑业总产值
全 省	**469**		**469**	**469**
兰 州	469		469	469
嘉峪关				
金 昌				
白 银				
天 水				
武 威				
张 掖				
平 凉				
酒 泉				
庆 阳				
定 西				
陇 南				
临 夏				
甘 南				

2-B-2.79 各地区外商投资总承包和专业承包企业资产构成

单位：万元

地 区	资产合计	#流动资产合计	#存货
全 省	**1576**	**1576**	
兰 州	1576	1576	
嘉峪关			
金 昌			
白 银			
天 水			
武 威			
张 掖			
平 凉			
酒 泉			
庆 阳			
定 西			
陇 南			
临 夏			
甘 南			

2-B-2.80 各地区外商投资总承包和专业承包企业固定资产情况

单位：万元

地区	固定资产原价	固定资产折旧	#本年折旧	在建工程
全省	**64**	**64**		
兰州	64	64		
嘉峪关				
金昌				
白银				
天水				
武威				
张掖				
平凉				
酒泉				
庆阳				
定西				
陇南				
临夏				
甘南				

2-B-2.81 各地区外商投资总承包和专业承包企业负债及所有者权益

单位：万元

地区	负债合计	#流动负债	#应付账款	所有者权益	#实收资本
全省	**134**	**134**	**46**	**1442**	**500**
兰州	134	134	46	1442	500
嘉峪关					
金昌					
白银					
天水					
武威					
张掖					
平凉					
酒泉					
庆阳					
定西					
陇南					
临夏					
甘南					

2-B-2.82　各地区外商投资总承包和专业承包企业实收资本

单位：万元

地　区	合计	国家资本	集体资本	法人资本	个人资本	港澳台资本	外商资本
全　省	**500**			**370**			**130**
兰　州	500			370			130
嘉峪关							
金　昌							
白　银							
天　水							
武　威							
张　掖							
平　凉							
酒　泉							
庆　阳							
定　西							
陇　南							
临　夏							
甘　南							

2-B-2.83　各地区外商投资总承包和专业承包企业收入情况

单位：万元

地　区	主营业务收　入	#主营业务成　本	#主营业务税金及附加	其他业务收　入	#其他业务利　润
全　省	**469**	**361**	**2**		
兰　州	469	361	2		
嘉峪关					
金　昌					
白　银					
天　水					
武　威					
张　掖					
平　凉					
酒　泉					
庆　阳					
定　西					
陇　南					
临　夏					
甘　南					

2-B-2.84　各地区外商投资总承包和专业承包企业费用情况

单位：万元

地　区	管理费用	销售费用	财务费用		
				#利息收入	#利息支出
全　省	**23**	**14**			
兰　州	23	14			
嘉峪关					
金　昌					
白　银					
天　水					
武　威					
张　掖					
平　凉					
酒　泉					
庆　阳					
定　西					
陇　南					
临　夏					
甘　南					

2-B-2.85　各地区外商投资总承包和专业承包企业利润及税金情况

单位：万元

地　区	利润总额		税金总额		
		#应交所得税		主营业务税金及附加	应交增值税
全　省	**69**	**9**	**16**	**2**	**14**
兰　州	69	9	16	2	14
嘉峪关					
金　昌					
白　银					
天　水					
武　威					
张　掖					
平　凉					
酒　泉					
庆　阳					
定　西					
陇　南					
临　夏					
甘　南					

2-B-2.86 各地区外商投资总承包和专业承包企业应收工程款及企业亏损情况

地　区	应收工程款（万元）	企业个数（个）	#亏损企业个　数	亏损企业的比重（%）
全　省	**109**	**1**		
兰　州	109	1		
嘉峪关				
金　昌				
白　银				
天　水				
武　威				
张　掖				
平　凉				
酒　泉				
庆　阳				
定　西				
陇　南				
临　夏				
甘　南				

2-B-2.87 各地区外商投资总承包和专业承包企业主要经济效益指标

地　区	产值利润率（%）	产值利税率（%）	资本利润率（%）	资本利税率（%）	人均利润（元/人）	人均利税（元/人）	资产负债率（%）
全　省	**14.6**	**18.0**	**13.7**	**16.9**	**29826**	**36696**	**8.5**
兰　州	14.6	18.0	13.7	16.9	29826	36696	8.5
嘉峪关							
金　昌							
白　银							
天　水							
武　威							
张　掖							
平　凉							
酒　泉							
庆　阳							
定　西							
陇　南							
临　夏							
甘　南							

3.按行业分组

2-B-3.1　各行业总承包和专业承包企业签订合同情况

单位：万元

行　　业	合同总额		
		上年结转合同额	本年新签合同额
合　　计	**35212642**	**14632872**	**20579770**
房屋建筑业	23022190	9453823	13568366
土木工程建筑业	9921984	4649277	5272707
铁路、道路、隧道和桥梁工程建筑	7046663	3713290	3333373
水利和水运工程建筑	1120366	393284	727082
海洋工程建筑			
工矿工程建筑	170152	72369	97783
架线和管道工程建筑	679867	177345	502521
建筑安装业	1553691	349801	1203890
建筑装饰、装修和其他建筑业	714778	179971	534807

注：土木工程建筑业取部分中类行业数据，行业分项之和不等于合计。

2-B-3.2　各行业总承包和专业承包企业承包工程完成情况

单位：万元

行　　业	直接从建设单位承揽工程完成的产值			从建设单位以外承揽工程完成的产值
		自行完成施工产值	分包出去工程的产值	
合　　计	**18261528**	**17923734**	**337794**	**155815**
房屋建筑业	11979707	11843342	136365	107006
土木工程建筑业	4876799	4808546	68253	35163
铁路、道路、隧道和桥梁工程建筑	3344931	3289615	55316	23973
水利和水运工程建筑	594095	582652	11443	4258
海洋工程建筑				
工矿工程建筑	122552	122425	127	
架线和管道工程建筑	394081	393772	309	6461
建筑安装业	986653	924278	62375	3647
建筑装饰、装修和其他建筑业	418369	347569	70801	10000

注：土木工程建筑业取部分中类行业数据，行业分项之和不等于合计。

2-B-3.3 各行业总承包和专业承包企业建筑业总产值和竣工产值

单位：万元

行业	建筑业总产值	#装饰装修产值	#在外省完的产值	按构成分组			竣工产值
				建筑工程产值	安装工程产值	其他产值	
合计	**18079549**	**473054**	**3009382**	**15256632**	**1931502**	**891415**	**8489369**
房屋建筑业	11950347	276944	1434256	10685697	632577	632074	6459896
土木工程建筑业	4843709	27720	1315920	4061072	641598	141039	1505911
铁路、道路、隧道和桥梁工程建筑	3313588	26664	902693	2941686	290441	81461	844235
水利和水运工程建筑	586910		101804	496308	77379	13223	326103
海洋工程建筑							
工矿工程建筑	122425	600	31602	97978	11722	12725	44193
架线和管道工程建筑	400233	437	78594	225430	148074	26730	139553
建筑安装业	927925	11253	241507	275906	596118	55900	295165
建筑装饰、装修和其他建筑业	357568	157137	17699	233957	61208	62402	228398

注：土木工程建筑业取部分中类行业数据，行业分项之和不等于合计。

2-B-3.4 各行业总承包和专业承包企业房屋建筑面积

行业	房屋建筑施工面积（万平方米）	#本年新开工	房屋建筑竣工面积（万平方米）	房屋建筑面积竣工率（%）
合计	**10100.0**	**4097.2**	**2713.2**	**26.9**
房屋建筑业	9713.3	3957.8	2628.5	27.1
土木工程建筑业	338.2	116.9	59.8	17.7
铁路、道路、隧道和桥梁工程建筑	298.5	105.6	37.7	12.6
水利和水运工程建筑	4.0	1.7	0.6	14.1
海洋工程建筑				
工矿工程建筑	10.1	7.3	0.8	8.3
架线和管道工程建筑	5.5	1.1	3.7	68.4
建筑安装业	33.4	15.9	20.6	61.6
建筑装饰、装修和其他建筑业	15.1	6.6	4.4	28.9

注：土木工程建筑业取部分中类行业数据，行业分项之和不等于合计。

2-B-3.5　各行业总承包和专业承包企业机械设备情况

行　　业	年末自有施工机械设备总台数（台）	年末自有施工机械设备总功率（千瓦）	年末自有施工机械设备净值（万元）	技术装备率（元/人）	动力装备率（千瓦/人）
合　计	**186032**	**3479422**	**641610**	**12825**	**7.0**
房屋建筑业	138602	2384226	385941	10725	6.6
土木工程建筑业	32279	888170	222067	22379	9.0
铁路、道路、隧道和桥梁工程建筑	14105	566320	143805	25268	10.0
水利和水运工程建筑	5880	142358	44137	25286	8.2
海洋工程建筑					
工矿工程建筑	3355	57552	9182	13948	8.7
架线和管道工程建筑	6479	54698	7369	6625	4.9
建筑安装业	8027	150983	18525	5974	4.9
建筑装饰、装修和其他建筑业	7124	56043	15078	14790	5.5

注：土木工程建筑业取部分中类行业数据，行业分项之和不等于合计。

2-B-3.6　按主要用途分的各行业总承包和专业承包企业房屋建筑竣工面积

单位：万平方米

行　　业	合计	住宅房屋	商业及服务用房　屋	办公用房　屋	科研、教育和医疗用房屋	文化、体育和娱乐用房屋	厂房及建筑物	仓库	其他未列明的房屋建筑物
合　计	**2713.2**	**1862.5**	**250.7**	**110.4**	**217.6**	**28.8**	**133.0**	**19.7**	**90.5**
房屋建筑业	2628.5	1812.2	244.0	107.2	212.1	28.7	123.4	18.2	82.7
土木工程建筑业	59.8	43.4	4.9	0.1	1.9	0.1	1.3	0.4	7.8
铁路、道路、隧道和桥梁工程建筑	37.7	27.2	0.5		1.9	0.1	0.6		7.3
水利和水运工程建筑	0.6						0.6		
海洋工程建筑									
工矿工程建筑	0.8							0.4	0.4
架线和管道工程建筑	3.7	3.6		0.1					
建筑安装业	20.6	5.6		3.1	2.7		8.0	1.1	
建筑装饰、装修和其他建筑业	4.4	1.3	1.8		0.8		0.4		

注：土木工程建筑业取部分中类行业数据，行业分项之和不等于合计。

2-B-3.7 按主要用途分的各行业总承包和专业承包企业房屋建筑竣工价值

单位：万元

行业	合计	住宅房屋	商业及服务用房屋	办公用房屋	科研、教育和医疗用房屋	文化、体育和娱乐用房屋	厂房及建筑物	仓库	其他未列明的房屋建筑物
合计	**5516637**	**3441885**	**849030**	**206820**	**465411**	**59188**	**257304**	**12975**	**224023**
房屋建筑业	5359402	3351017	838753	201628	452835	59057	252519	10169	193425
土木工程建筑业	121559	77496	5343	240	5204	131	2183	406	30556
铁路、道路、隧道和桥梁工程建筑	100270	61429	2843	18	5204	131	1406		29240
水利和水运工程建筑	562						562		
海洋工程建筑									
工矿工程建筑	1688							386	1302
架线和管道工程建筑	9397	9088		222			74		14
建筑安装业	9641	6980	2500				141	20	
建筑装饰、装修和	25524	10634	37	4813	6082		1515	2400	43
其他建筑业	10152	2739	4897	138	1291		1087		

注：土木工程建筑业取部分中类行业数据，行业分项之和不等于合计。

2-B-3.8 按主要用途分的各行业总承包和专业承包企业主要生产效益指标

行业	建筑业企业个数（个）	从事建筑业活动的平均人数（人）	按总产值计算的劳动生产率（元/人）	人均竣工产值（元/人）	人均施工面积（平方米/人）	人均竣工面积（平方米/人）
合计	**1453**	**540035**	**334785**	**157200**	**187**	**50**
房屋建筑业	777	389137	307099	166006	250	68
土木工程建筑业	373	106526	454697	141366	32	6
铁路、道路、隧道和桥梁工程建筑	184	65194	508266	129496	46	6
水利和水运工程建筑	84	17161	342002	190026	2	
海洋工程建筑						
工矿工程建筑	12	7137	171536	61921	14	1
架线和管道工程建筑	41	8741	457881	159653	6	4
建筑安装业	121	33602	276152	87841	10	6
建筑装饰、装修和其他建筑业	182	10770	332004	212069	14	4

注：土木工程建筑业取部分中类行业数据，行业分项之和不等于合计。

2-B-3.9　按主要用途分的各行业总承包和专业承包企业营业收入

单位：万元

行　　业	营业收入	在境外完成的营业收入	企业总产值	#建筑业总产值
合　　计	**18483317**	**153431**	**18949619**	**18079549**
房屋建筑业	12149261	133755	12568865	11950347
土木工程建筑业	4844301	16857	5020699	4843709
铁路、道路、隧道和桥梁工程建筑	3160393	4278	3411557	3313588
水利和水运工程建筑	666643	3805	610155	586910
海洋工程建筑				
工矿工程建筑	149947		129251	122425
架线和管道工程建筑	455530	728	430633	400233
建筑安装业	1054485	2819	997817	927925
建筑装饰、装修和其他建筑业	435271		362239	357568

注：土木工程建筑业取部分中类行业数据，行业分项之和不等于合计。

2-B-3.10　各行业总承包和专业承包企业资产构成

单位：万元

行　　业	资产合计	#流动资产合计	#存货
合　　计	**24987136**	**19503942**	**4109243**
房屋建筑业	15671336	12281066	2971313
土木工程建筑业	7477119	5738780	881159
铁路、道路、隧道和桥梁工程建筑	5346458	4010323	704840
水利和水运工程建筑	800483	627125	76909
海洋工程建筑			
工矿工程建筑	155976	126378	14143
架线和管道工程建筑	532243	434048	44773
建筑安装业	1191234	932743	165762
建筑装饰、装修和其他建筑业	647448	551353	91010

注：土木工程建筑业取部分中类行业数据，行业分项之和不等于合计。

2-B-3.11 各行业总承包和专业承包企业固定资产情况

单位：万元

行业	固定资产原价	累计折旧	#本年折旧	在建工程
合计	**3003438**	**957854**	**138028**	**339681**
房屋建筑业	1860389	497350	63425	166581
土木工程建筑业	865065	338040	58846	148407
铁路、道路、隧道和桥梁工程建筑	518942	200021	42942	124359
水利和水运工程建筑	155257	43590	6973	9387
海洋工程建筑				
工矿工程建筑	40502	19411	2529	88
架线和管道工程建筑	85230	43738	3187	13911
建筑安装业	216659	98438	10724	15332
建筑装饰、装修和其他建筑业	61325	24027	5033	9362

注：土木工程建筑业取部分中类行业数据，行业分项之和不等于合计。

2-B-3.12 各行业总承包和专业承包企业负债及所有者权益

单位：万元

行业	负债合计	#流动负债	#应付账款	所有者权益	#实收资本
合计	**17673153**	**15813735**	**6497885**	**7313984**	**4241466**
房屋建筑业	10994417	9835971	4229344	4676920	2506603
土木工程建筑业	5430523	4823559	1803675	2046596	1231704
铁路、道路、隧道和桥梁工程建筑	4061823	3545354	1359866	1284635	745599
水利和水运工程建筑	467839	444319	154720	332644	240157
海洋工程建筑					
工矿工程建筑	127521	127375	66373	28455	22818
架线和管道工程建筑	256395	214597	127518	275847	115068
建筑安装业	879300	807390	353380	311934	275517
建筑装饰、装修和其他建筑业	368913	346816	111486	278535	227642

注：土木工程建筑业取部分中类行业数据，行业分项之和不等于合计。

2-B-3.13　各行业总承包和专业承包企业实收资本

单位：万元

行　　业	合计	国家资本	集体资本	法人资本	个人资本	港澳台资本	外商资本
合　　计	**4241466**	**810206**	**205642**	**1843284**	**1382047**	**100**	**188**
房屋建筑业	2506603	397978	142084	1035689	930694	100	58
土木工程建筑业	1231704	289862	37345	615390	289108		
铁路、道路、隧道和桥梁工程建筑	745599	194911	2929	394179	153580		
水利和水运工程建筑	240157	67065	2781	112242	58069		
海洋工程建筑							
工矿工程建筑	22818	10297	855	7975	3692		
架线和管道工程建筑	115068	7851	17003	72645	17569		
建筑安装业	275517	98160	21120	95234	61003		
建筑装饰、装修和其他建筑业	227642	24207	5093	96971	101241		130

注：土木工程建筑业取部分中类行业数据，行业分项之和不等于合计。

2-B-3.14　各行业总承包和专业承包企业收入情况

单位：万元

行　　业	主营业务收　　入	#主营业务成　　本	#主营业务税金及附加	其他业务收入	#其他业务利润
合　　计	**17946062**	**16466504**	**172383**	**537256**	**17856**
房屋建筑业	11759157	10833913	130937	390104	4957
土木工程建筑业	4745596	4317144	31483	98705	11038
铁路、道路、隧道和桥梁工程建筑	3103083	2843071	16332	57310	10322
水利和水运工程建筑	658143	588653	8278	8501	606
海洋工程建筑					
工矿工程建筑	145083	136616	1228	4865	320
架线和管道工程建筑	434494	375698	3582	21036	73
建筑安装业	1006906	949760	6543	47578	1823
建筑装饰、装修和其他建筑业	434403	365687	3421	868	39

注：土木工程建筑业取部分中类行业数据，行业分项之和不等于合计。

2-B-3.15 各行业总承包和专业承包企业费用情况

单位：万元

地 区	管理费用	销售费用	财务费用		
				#利息收入	#利息支出
合 计	**555028**	**64823**	**162129**	**72712**	**189604**
房屋建筑业	304199	42370	87736	66080	121227
土木工程建筑业	181066	15607	63208	3916	57507
铁路、道路、隧道和桥梁工程建筑	100161	6082	56252	2980	52412
水利和水运工程建筑	24380	1745	1570	98	1281
海洋工程建筑					
工矿工程建筑	7034	11	122	7	167
架线和管道工程建筑	29671	3285	1946	473	1474
建筑安装业	43634	2683	1625	2461	2438
建筑装饰、装修和其他建筑业	26130	4163	9560	255	8431

注：土木工程建筑业取部分中类行业数据，行业分项之和不等于合计。

2-B-3.16 各行业总承包和专业承包企业利润及税金情况

单位：万元

行 业	利润总额	税金总额		
			主营业务税金及附加	应交增值税
合 计	**551497**	**679249**	**172383**	**506866**
房屋建筑业	373715	465819	130937	334882
土木工程建筑业	176433	156319	31483	124836
铁路、道路、隧道和桥梁工程建筑	109069	80586	16332	64254
水利和水运工程建筑	34629	30923	8278	22645
海洋工程建筑				
工矿工程建筑	1126	6211	1228	4983
架线和管道工程建筑	24519	28059	3582	24477
建筑安装业	-19649	32616	6543	26074
建筑装饰、装修和其他建筑业	20998	24495	3421	21075

注：土木工程建筑业取部分中类行业数据，行业分项之和不等于合计。

2-B-3.17　各行业总承包和专业承包企业应收工程款及企业亏损情况

行　　业	应收工程款(万元)	企业个数(个)		亏损企业的比重(%)
			#亏损企业个数	
合　　计	**7172458**	**1453**	**255**	**17.5**
房屋建筑业	4454314	777	109	14.0
土木工程建筑业	2239539	373	75	20.1
铁路、道路、隧道和桥梁工程建筑	1449069	184	41	22.3
水利和水运工程建筑	194903	84	12	14.3
海洋工程建筑				
工矿工程建筑	87808	12	3	25.0
架线和管道工程建筑	170300	41	7	17.1
建筑安装业	325901	121	32	26.4
建筑装饰、装修和其他建筑业	152704	182	39	21.4

注：土木工程建筑业取部分中类行业数据，行业分项之和不等于合计。

2-B-3.18　各行业总承包和专业承包企业主要经济效益指标

行　　业	产值利润率(%)	产值利税率(%)	资本利润率(%)	资本利税率(%)	人均利润(元/人)	人均利税(元/人)	资本负债率(%)
合　　计	**3.1**	**6.8**	**13.0**	**29.0**	**10212**	**22790**	**70.7**
房屋建筑业	3.1	7.0	14.9	33.5	9604	21574	70.2
土木工程建筑业	3.6	6.9	14.3	27.0	16562	31237	72.6
铁路、道路、隧道和桥梁工程建筑	3.3	5.7	14.6	25.4	16730	29091	76.0
水利和水运工程建筑	5.9	11.2	14.4	27.3	20179	38198	58.4
海洋工程建筑							
工矿工程建筑	0.9	6.0	4.9	32.2	1578	10280	81.8
架线和管道工程建筑	6.1	13.1	21.3	45.7	28050	60150	48.2
建筑安装业	-2.1	1.4	-7.1	4.7	-5847	3859	73.8
建筑装饰、装修和其他建筑业	5.9	12.7	9.2	20.0	19496	42240	57.0

4.按中央、地方分组

2-B-4.1 各地区中央总承包和专业承包企业签订合同情况

单位：万元

地 区	签订合同额	上年结转合同额	本年新签合同额
全 省	**4718535**	**2887341**	**1831194**
兰 州	4698148	2886641	1811507
嘉峪关			
金 昌			
白 银			
天 水			
武 威			
张 掖			
平 凉	314		314
酒 泉	20072	700	19372
庆 阳			
定 西			
陇 南			
临 夏			
甘 南			

2-B-4.2 各地区中央总承包和专业承包企业承包工程完成情况

单位：万元

地 区	直接从建设单位承揽工程完成的产值	自行完成施工产值	分包出去工程的产值	从建设单位以外承揽工程完成的产值
全 省	**1684970**	**1684161**	**809**	
兰 州	1664352	1663543	809	
嘉峪关				
金 昌				
白 银				
天 水				
武 威				
张 掖				
平 凉	314	314		
酒 泉	18257	18257		
庆 阳	2047	2047		
定 西				
陇 南				
临 夏				
甘 南				

2-B-4.3　各地区中央总承包和专业承包企业总产值和竣工产值

单位：万元

地　区	建筑业总产值	#装饰装修产值	#在外省完成的产值	按构成分组 建筑工程产值	安装工程产值	其他产值	竣工产值
全　省	**1684161**	**17216**	**857972**	**1161729**	**458061**	**64371**	**512743**
兰　州	1663543	17216	855924	1155032	447609	60902	494237
嘉峪关							
金　昌							
白　银							
天　水							
武　威							
张　掖							
平　凉	314			314			314
酒　泉	18257			4336	10451	3470	16145
庆　阳	2047		2047	2047			2047
定　西							
陇　南							
临　夏							
甘　南							

2-B-4.4　各地区中央总承包和专业承包企业房屋建筑面积

地　区	房屋施工面积（万平方米）	#本年新开工	房屋竣工面积（万平方米）	房屋竣工率(%)
全　省	**342.0**	**90.1**	**40.4**	**11.8**
兰　州	342.0	90.1	40.4	11.8
嘉峪关				
金　昌				
白　银				
天　水				
武　威				
张　掖				
平　凉				
酒　泉				
庆　阳				
定　西				
陇　南				
临　夏				
甘　南				

2-B-4.5　各地区按主要用途分的中央总承包和专业承包企业房屋竣工面积

单位：万平方米

地　区	合计	住宅房屋	商业及服务用房屋	办公用房　屋	科研、教育和医疗用房屋	文化、体育和娱乐用房屋	厂房及建筑物	仓库	其他未列明的房屋建筑物
全　省	**40.4**	**35.5**	**0.5**		**1.6**				**2.7**
兰　州	40.4	35.5	0.5		1.6				2.7
嘉峪关									
金　昌									
白　银									
天　水									
武　威									
张　掖									
平　凉									
酒　泉									
庆　阳									
定　西									
陇　南									
临　夏									
甘　南									

2-B-4.6　各地区按主要用途分的中央总承包和专业承包企业房屋竣工价值

单位：万元

地　区	合计	住宅房屋	商业及服务用房屋	办公用房　屋	科研、教育和医疗用房屋	文化、体育和娱乐用房屋	厂房及建筑物	仓库	其他未列明的房屋建筑物
全　省	**107500**	**76667**	**2843**		**4601**				**23389**
兰　州	107500	76667	2843		4601				23389
嘉峪关									
金　昌									
白　银									
天　水									
武　威									
张　掖									
平　凉									
酒　泉									
庆　阳									
定　西									
陇　南									
临　夏									
甘　南									

2-B-4.7　各地区中央总承包和专业承包企业施工机械设备情况

地　区	年末自有施工机械设备总台数(台)	年末自有施工机械设备总功率(千瓦)	年末自有施工机械设备净值(万元)	技术装备率(元/人)	动力装备率(千瓦/人)
全　省	**9003**	**318729**	**50866**	**15377**	**9.6**
兰　州	8625	301962	48316	15391	9.6
嘉峪关					
金　昌					
白　银					
天　水					
武　威					
张　掖					
平　凉	23	67	763	66886	0.6
酒　泉	355	16700	1788	35618	33.3
庆　阳					
定　西					
陇　南					
临　夏					
甘　南					

2-B-4.8　各地区中央总承包和专业承包企业主要生产效益指标

地　区	建筑业企业个数(个)	从事建筑业活动的平均人数(人)	按总产值计算的劳动生产率(元/人)	人均竣工产值(元/人)	人均施工面积(平方米/人)	人均竣工面积(平方米/人)
全　省	**20**	**34143**	**493267**	**150175**	**100**	**12**
兰　州	16	32335	514471	152849	106	13
嘉峪关						
金　昌						
白　银						
天　水						
武　威						
张　掖						
平　凉	1	91	34516	34516		
酒　泉	2	645	283053	250302		
庆　阳	1	1072	19099	19099		
定　西						
陇　南						
临　夏						
甘　南						

2-B-4.9 各地区中央总承包和专业承包企业营业收入

单位：万元

地区	营业收入	在境外完成的营业收入	企业总产值	建筑业总产值
全省	**1512697**	**7945**	**1708478**	**1684161**
兰州	1489251	7945	1687852	1663543
嘉峪关				
金昌				
白银				
天水				
武威				
张掖				
平凉			314	314
酒泉	21399		18265	18257
庆阳	2047		2047	2047
定西				
陇南				
临夏				
甘南				

2-B-4.10 各地区中央总承包和专业承包企业资产构成

单位：万元

地区	资产合计	#流动资产合计	#存货
全省	**1892942**	**1659055**	**171016**
兰州	1850010	1637114	171016
嘉峪关			
金昌			
白银			
天水			
武威			
张掖			
平凉			
酒泉	16503	10807	
庆阳	26429	11134	
定西			
陇南			
临夏			
甘南			

2-B-4.11　各地区中央总承包和专业承包企业固定资产情况

单位：万元

地　区	固定资产原价	固定资产折旧	#本年折旧	在建工程
全　省	**228993**	**135862**	**21927**	**1648**
兰　州	209150	122110	21257	1648
嘉峪关				
金　昌				
白　银				
天　水				
武　威				
张　掖				
平　凉				
酒　泉	17530	11958	577	
庆　阳	2313	1794	93	
定　西				
陇　南				
临　夏				
甘　南				

2-B-4.12　各地区中央总承包和专业承包企业负债及所有者权益

单位：万元

地　区	负债合计	#流动负债	#应付账款	所有者权益	#实收资本
全　省	**1654885**	**1629907**	**741163**	**238057**	**217556**
兰　州	1646035	1621231	735408	203975	183474
嘉峪关					
金　昌					
白　银					
天　水					
武　威					
张　掖					
平　凉					
酒　泉	2420	2409	865	14083	14083
庆　阳	6429	6267	4890	20000	20000
定　西					
陇　南					
临　夏					
甘　南					

2-B-4.13 各地区中央总承包和专业承包企业实收资本

单位：万元

地 区	合计	国家资本	集体资本	法人资本	个人资本	港澳台资本	外商资本
全 省	**217556**	**156664**		**59393**	**1499**		
兰 州	183474	122581		59393	1499		
嘉峪关							
金 昌							
白 银							
天 水							
武 威							
张 掖							
平 凉							
酒 泉	14083	14083					
庆 阳	20000	20000					
定 西							
陇 南							
临 夏							
甘 南							

2-B-4.14 各地区中央总承包和专业承包企业收入情况

单位：万元

地 区	主营业务收入	#主营业务成本	#主营业务税金及附加	其他业务收入	#其他业务利润
全 省	**1493020**	**1394566**	**5378**	**19677**	**1245**
兰 州	1469574	1368223	5098	19677	1267
嘉峪关					
金 昌					
白 银					
天 水					
武 威					
张 掖					
平 凉					
酒 泉	21399	25264	167		
庆 阳	2047	1079	113		-22
定 西					
陇 南					
临 夏					
甘 南					

2-B-4.15　各地区中央总承包和专业承包企业费用情况

单位：万元

地　区	管理费用	销售费用	财务费用		
				#利息收入	#利息支出
全　省	**39333**	**2724**	**7100**	**1377**	**5996**
兰　州	38160	2724	7092	1377	5995
嘉峪关					
金　昌					
白　银					
天　水					
武　威					
张　掖					
平　凉					
酒　泉	1172		7		
庆　阳					1
定　西					
陇　南					
临　夏					
甘　南					

2-B-4.16　各地区中央总承包和专业承包企业利润及税金情况

单位：万元

地　区	利润总额		税金总额		
		#应交所得税		主营业务税金及附加	应交增值税
全　省	**-1719**	**4507**	**36775**	**5378**	**31397**
兰　州	-553	4493	36466	5098	31368
嘉峪关					
金　昌					
白　银					
天　水					
武　威					
张　掖					
平　凉					
酒　泉	-5211	14	196	167	29
庆　阳	4044		113	113	
定　西					
陇　南					
临　夏					
甘　南					

2-B-4.17　各地区中央总承包和专业承包企业应收工程款及企业亏损情况

地　区	应收工程款(万元)	企业个数(个)	#亏损企业个数	亏损企业的比重(%)
全　省	**860489**	**20**	**4**	**20.0**
兰　州	858438	16	3	18.8
嘉峪关				
金　昌				
白　银				
天　水				
武　威				
张　掖				
平　凉		1		
酒　泉	1055	2	1	50.0
庆　阳	996	1		
定　西				
陇　南				
临　夏				
甘　南				

2-B-4.18　各地区中央总承包和专业承包企业主要经济效益指标

地　区	产值利润率(%)	产值利税率(%)	资本利润率(%)	资本利税率(%)	人均利润(元/人)	人均利税(元/人)	资产负债率(%)
全　省	**-0.1**	**2.1**	**-0.8**	**16.1**	**-504**	**10267**	**87.4**
兰　州		2.2	-0.3	19.6	-171	11107	89.0
嘉峪关							
金　昌							
白　银							
天　水							
武　威							
张　掖							
平　凉							
酒　泉	-28.5	-27.5	-37	-35.6	-80788	-77750	14.7
庆　阳	197.5		20.2		37728		24.3
定　西							
陇　南							
临　夏							
甘　南							

2-B-4.19　各地区地方总承包和专业承包企业签订合同情况

单位：万元

地　区	签订合同额	上年结转合同额	本年新签合同额
全　省	**30494108**	**11745531**	**18748577**
兰　州	16947298	6957765	9989534
嘉峪关	392865	80345	312521
金　昌	1522116	502834	1019282
白　银	934987	226261	708726
天　水	2208576	773922	1434655
武　威	1303059	340621	962437
张　掖	963547	426085	537462
平　凉	1097384	285810	811574
酒　泉	752648	209862	542785
庆　阳	1242686	359084	883601
定　西	1416615	817870	598745
陇　南	639307	267375	371932
临　夏	737744	310429	427315
甘　南	335275	187268	148007

2-B-4.20　各地区地方总承包和专业承包企业承包工程完成情况

单位：万元

地　区	直接从建设单位承揽工程完成的产值	自行完成施工产值	分包出去工程的产值	从建设单位以外承揽工程完成的产值
全　省	**16576558**	**16239573**	**336985**	**155815**
兰　州	8543123	8257208	285914	50534
嘉峪关	349847	349641	205	697
金　昌	1130927	1130927		30821
白　银	509266	497903	11363	7939
天　水	1257447	1255944	1503	2035
武　威	835942	832148	3795	5531
张　掖	570158	546617	23541	21511
平　凉	587367	584473	2895	770
酒　泉	605677	603888	1789	6124
庆　阳	702478	700838	1639	1577
定　西	650252	650252		8875
陇　南	339465	339187	278	9372
临　夏	413864	410153	3711	9686
甘　南	80746	80394	352	343

2-B-4.21 各地区地方企业总承包和专业承包总产值和竣工产值

单位：万元

地区	建筑业总产值	#装饰装修产值	#在外省完成的产值	按构成分组			竣工产值
				建筑工程产值	安装工程产值	其他产值	
全省	**16395388**	**455838**	**2151410**	**14094902**	**1473442**	**827044**	**7976627**
兰州	8307743	212512	1549120	7192601	724473	390669	3340149
嘉峪关	350338	6352	3040	308866	25789	15683	183246
金昌	1161748	14701	368214	830146	186014	145588	451217
白银	505842	32923	36870	411583	38064	56195	300162
天水	1257979	99327	124249	1131111	99122	27746	593670
武威	837679	23671	12099	765821	32505	39353	467507
张掖	568128	15369	26163	511871	33167	23090	364882
平凉	585242	2938	30	539370	37723	8149	406360
酒泉	610012	10153	2065	484892	103126	21995	423194
庆阳	702415	6720	22628	583350	73631	45434	538166
定西	659127	15445		575380	77385	6361	438329
陇南	348559	4102		318658	15388	14512	152340
临夏	419839	3371	6932	364253	25075	30511	248971
甘南	80737	8255		77001	1979	1757	68434

2-B-4.22 各地区地方总承包和专业承包企业房屋建筑面积

地区	房屋施工面积（万平方米）	#本年新开工	房屋竣工面积（万平方米）	房屋竣工率（%）
全省	**9758.0**	**4007.1**	**2672.8**	**27.4**
兰州	5022.6	2068.6	1062.0	21.1
嘉峪关	113.4	68.2	54.9	48.5
金昌	501.2	203.6	180.8	36.1
白银	139.8	90.0	54.5	38.9
天水	1406.9	336.8	253.4	18.0
武威	362.4	180.2	137.4	37.9
张掖	401.3	205.9	143.5	35.8
平凉	342.3	168.1	185.7	54.3
酒泉	287.8	124.0	148.1	51.4
庆阳	292.2	179.9	143.2	49.0
定西	391.5	166.3	138.4	35.4
陇南	142.9	57.5	38.4	26.9
临夏	320.7	142.5	110.7	34.5
甘南	32.9	15.6	21.8	66.1

2-B-4.23　各地区按主要用途分的地方总承包和专业承包企业房屋竣工面积

单位：万平方米

地　区	合计	住宅房屋	商业及服务用房屋	办公用房　屋	科研、教育和医疗用房屋	文化、体育和娱乐用房屋	厂房及建筑物	仓　库	其他未列明的房屋建筑物
全　省	**2672.8**	**1827.0**	**250.2**	**110.4**	**215.9**	**28.8**	**133.0**	**19.7**	**87.8**
兰　州	1062.0	729.0	137.6	24.7	58.6	11.6	63.5	15.5	21.5
嘉峪关	54.9	37.2	5.0		3.0		5.7		4.0
金　昌	180.8	131.3	6.1	1.5	8.0	2.5	30.0	0.8	0.4
白　银	54.5	30.5	5.4	2.9	9.7	0.2	3.8	0.4	1.5
天　水	253.4	188.7	11.6	4.8	25.0	0.7	1.2	0.3	21.1
武　威	137.4	82.6	17.2	7.3	19.3	0.7	3.3	0.1	6.9
张　掖	143.5	106.0	8.4	4.7	7.2	0.6	5.4	0.1	11.1
平　凉	185.7	145.3	11.2	7.9	15.3	3.0	0.1		2.9
酒　泉	148.1	101.1	14.7	13.1	10.7	4.6	2.5		1.4
庆　阳	143.2	79.0	12.7	17.8	12.7	1.6	8.9	1.0	9.3
定　西	138.4	94.9	4.0	7.3	24.4	0.8	4.1	1.0	1.9
陇　南	38.4	21.2	0.6	5.6	3.9	0.2	2.5		4.5
临　夏	110.7	67.9	12.4	8.6	16.7	2.4	1.4	0.3	1.0
甘　南	21.8	12.2	3.2	4.2	1.3		0.7		0.1

2-B-4.24　各地区按主要用途分的地方总承包和专业承包企业房屋竣工价值

单位：万元

地　区	总计	住宅房屋	商业及服务用房屋	办公用房　屋	科研、教育和医疗用房屋	文化、体育和娱乐用房屋	厂房及建筑物	仓库	其他未列明的房屋建筑物
全　省	**5409137**	**3365218**	**846187**	**206820**	**460810**	**59188**	**257304**	**12975**	**200634**
兰　州	2404019	1398871	626665	43674	148291	20944	81920	8314	75341
嘉峪关	98664	62337	11547		7222		11769		5788
金　昌	422424	267559	18055	1140	24538	10611	99706	348	467
白　银	117344	72340	10280	7599	15518	356	8328	386	2537
天　水	493998	364949	23238	8603	52362	1225	2743	800	40079
武　威	276087	150858	37886	17457	40830	1390	7789	223	19655
张　掖	204809	150233	10432	7565	13733	2035	8206	25	12581
平　凉	255734	188102	25177	9316	24108	4776	280		3974
酒　泉	236831	161721	20094	22430	18980	7519	2795	72	3221
庆　阳	305228	177369	22366	33988	23863	2969	18234	1592	24848
定　西	277797	200441	6231	13023	46560	1408	6147	500	3489
陇　南	61693	32616	814	10674	6589	330	5021		5650
临　夏	208690	118292	23249	22137	33156	5592	3495	650	2119
甘　南	45820	19533	10153	9214	5060	35	872	66	888

2-B-4.25 各地区地方总承包和专业承包企业施工机械设备情况

地 区	年末自有施工机械设备总台数（台）	年末自有施工机械设备总功率（千瓦）	年末自有施工机械设备净值（万元）	技术装备率（元/人）	动力装备率（千瓦/人）
全 省	**177029**	**3160693**	**590744**	**12644**	**6.8**
兰 州	35799	755982	135492	8318	4.6
嘉峪关	1900	36979	5266	11577	8.1
金 昌	5126	130573	14209	4865	4.5
白 银	8966	127415	28040	11531	5.2
天 水	24840	189904	55946	13728	4.7
武 威	18731	202149	45405	15125	6.7
张 掖	11366	170148	61236	31166	8.7
平 凉	11837	168315	36866	12797	5.8
酒 泉	8639	149690	47128	25282	8.0
庆 阳	11540	151396	43506	12912	4.5
定 西	12239	146136	48856	18513	5.5
陇 南	5592	105612	30954	18541	6.3
临 夏	18998	85447	29543	10824	3.1
甘 南	1456	740947	8298	19375	173.0

2-B-4.26 各地区地方总承包和专业承包企业主要生产效益指标

地 区	建筑业企业个数（个）	从事建筑业活动的平均人数（人）	按总产值计算的劳动生产率（元/人）	人均竣工产值（元/人）	人均施工面积（平方米/人）	人均竣工面积（平方米/人）
全 省	**1433**	**505892**	**324089**	**157674**	**193**	**53**
兰 州	413	181926	456655	183599	276	58
嘉峪关	41	5102	686668	359165	222	108
金 昌	34	33570	346067	134411	149	54
白 银	68	25840	195759	116162	54	21
天 水	96	41671	301883	142466	338	61
武 威	92	31367	267057	149044	116	44
张 掖	186	23826	238449	153144	168	60
平 凉	56	29186	200522	139231	117	64
酒 泉	98	22851	266952	185197	126	65
庆 阳	75	31426	223514	171249	93	46
定 西	96	27594	238866	158849	142	50
陇 南	106	18856	184853	80791	76	20
临 夏	44	28334	148175	87870	113	39
甘 南	28	4343	185901	157574	76	50

2-B-4.27 各地区地方总承包和专业承包企业营业收入

单位：万元

地 区	营业收入	#在境外完成的营业收入	企业总产值	#建筑业总产值
全 省	**16970620**	**145486**	**17241140**	**16395388**
兰 州	8448172	132659	8474858	8307743
嘉峪关	339863	3805	358386	350338
金 昌	1135783		1171967	1161748
白 银	572263		527807	505842
天 水	1280580		1268749	1257979
武 威	691231	804	907255	837679
张 掖	717906	5933	659063	568128
平 凉	623123		637054	585242
酒 泉	614105		706412	610012
庆 阳	736434		785666	702415
定 西	665549	6	682686	659127
陇 南	411105	2238	419758	348559
临 夏	593821		527436	419839
甘 南	140685	41	114044	80737

2-B-4.28 各地区地方总承包和专业承包企业资产构成

单位：万元

地 区	资产总计	#流动资产合计	#存货
全 省	**23094195**	**17844887**	**3938227**
兰 州	13720021	10795516	2419493
嘉峪关	322961	284628	51169
金 昌	1043771	724341	332695
白 银	707241	576317	137324
天 水	1362928	1102937	380630
武 威	649901	475147	61616
张 掖	1203826	856261	124493
平 凉	443534	335696	50539
酒 泉	891373	711533	62167
庆 阳	768422	612299	126009
定 西	742954	510730	81541
陇 南	619993	471585	46324
临 夏	494604	303233	50652
甘 南	122666	84664	13575

2-B-4.29 各地区地方总承包和专业承包企业固定资产情况

单位：万元

地区	固定资产原价	固定资产折旧	#本年折旧	在建工程
全省	**2774445**	**821992**	**116101**	**338033**
兰州	1023761	296472	41875	95361
嘉峪关	48288	13469	755	2601
金昌	236415	46645	3528	1722
白银	118438	42589	8683	1219
天水	236031	57472	6817	8156
武威	145650	29732	3660	7939
张掖	183270	41484	7592	36729
平凉	105536	37490	6145	3395
酒泉	167822	69059	10187	12332
庆阳	159471	51787	5792	73734
定西	145976	65097	5704	39129
陇南	81376	27873	8505	26573
临夏	101348	34559	4927	28273
甘南	21063	8264	1932	871

2-B-4.30 各地区地方总承包和专业承包企业负债及所有者权益

单位：万元

地区	负债合计	#流动负债	#应付账款	所有者权益	#实收资本
全省	**16018268**	**14183829**	**5756722**	**7075926**	**4023910**
兰州	10633646	9362693	4022138	3086375	1641886
嘉峪关	230600	230553	118352	92361	69871
金昌	743318	678620	193712	300453	115355
白银	460805	421394	167400	246436	135155
天水	1002023	955933	480363	360906	280726
武威	323474	262176	93571	326427	209056
张掖	564935	483874	157464	638891	361489
平凉	217448	202682	64610	226086	118055
酒泉	484124	430824	144997	407250	215434
庆阳	355970	338193	70923	412452	291131
定西	372588	314703	120320	370366	184071
陇南	393719	306636	64392	226274	183096
临夏	190708	164079	48217	303896	168091
甘南	44911	31471	10265	77755	50494

2-B-4.31　各地区地方总承包和专业承包企业实收资本

单位：万元

地　区	合计	国家资本	集体资本	法人资本	个人资本	港澳台资本	外商资本
全　省	**4023910**	**653542**	**205642**	**1783891**	**1380547**	**100**	**188**
兰　州	1641886	504974	60047	600590	476144		130
嘉峪关	69871	4358	14372	29402	21740		
金　昌	115355	5264	1269	63762	45061		
白　银	135155	14442	12141	80896	27677		
天　水	280726	18958	16130	130496	115142		
武　威	209056	10290	2617	107352	88798		
张　掖	361489	28189	10139	164519	158642		
平　凉	118055	16674	10842	54984	35555		
酒　泉	215434	5133	5307	125898	79095		
庆　阳	291131	6281	27460	151082	106150	100	58
定　西	184071	18351	11341	73734	80644		
陇　南	183096	4608	11294	102015	65179		
临　夏	168091	14600	21484	64281	67726		
甘　南	50494	1420	1200	34880	12994		

2-B-4.32　各地区地方总承包和专业承包企业收入情况

单位：万元

地　区	主营业务收　入	#主营业务成　本	#主营业务税金及附加	其他业务收　入	#其他业务利　润
全　省	**16453041**	**15071938**	**167006**	**517579**	**16611**
兰　州	8149203	7642597	39332	298969	7027
嘉峪关	338869	322047	2622	994	275
金　昌	1112420	1045387	9174	23363	537
白　银	528371	479126	10160	43892	373
天　水	1264054	1190505	13919	16526	2050
武　威	670334	594743	12154	20898	-90
张　掖	691048	579394	12597	26858	443
平　凉	621933	565270	10839	1190	54
酒　泉	563194	446695	9130	50911	1352
庆　阳	733640	646762	11522	2795	600
定　西	658573	569788	13435	6976	17
陇　南	404629	362923	7631	6476	3183
临　夏	590105	512669	11902	3717	768
甘　南	126670	114034	2590	14015	24

2-B-4.33 各地区地方总承包和专业承包企业费用情况

单位：万元

地　区	管理费用	销售费用	财务费用	#利息收入	#利息支出
全　省	**515695**	**62099**	**155029**	**71335**	**183608**
兰　州	239539	19543	88936	64761	134824
嘉峪关	11744	132	991	159	462
金　昌	28899	1690	3147	4471	6899
白　银	18677	1394	1963	-189	430
天　水	30611	1288	9105	1057	7315
武　威	17307	2216	6400	425	3656
张　掖	29038	3964	11189	41	6182
平　凉	15145	2896	3566	3	2747
酒　泉	43721	17562	6064	-185	3241
庆　阳	29526	2364	4988	203	3584
定　西	19810	1876	6041	394	2931
陇　南	14728	3437	8787	203	8232
临　夏	11759	3109	3306	27	2793
甘　南	5191	629	545	-34	312

2-B-4.34 各地区地方总承包和专业承包企业利润及税金情况

单位：万元

地　区	利润总额	#应交所得税	税金总额	主营业务税金及附加	应交增值税
全　省	**553216**	**120362**	**642474**	**167006**	**475469**
兰　州	148831	27297	228769	39332	189437
嘉峪关	2213	1077	11503	2622	8881
金　昌	31713	8954	32667	9174	23493
白　银	22138	5900	27175	10160	17014
天　水	20950	4735	47620	13919	33701
武　威	39182	10262	39139	12154	26985
张　掖	59086	13090	39738	12597	27141
平　凉	25776	7013	37039	10839	26200
酒　泉	61759	8933	28908	9130	19778
庆　阳	39912	10011	47383	11522	35861
定　西	43194	9530	36916	13435	23481
陇　南	12139	2615	25201	7631	17570
临　夏	41203	9489	35321	11902	23419
甘　南	5122	1456	5097	2590	2507

2-B-4.35 各地区地方总承包和专业承包企业应收工程款及企业亏损情况

地区	应收工程款(万元)	企业个数(个)	#亏损企业个数	亏损企业的比重(%)
全省	**6311968**	**1433**	**251**	**17.5**
兰州	3664532	413	100	24.2
嘉峪关	123177	41	12	29.3
金昌	168231	34	3	8.8
白银	281648	68	7	10.3
天水	376068	96	11	11.5
武威	203244	92	10	10.9
张掖	327297	186	40	21.5
平凉	122664	56	13	23.2
酒泉	265227	98	12	12.2
庆阳	237378	75	8	10.7
定西	217701	96	11	11.5
陇南	146022	106	20	18.9
临夏	140934	44	1	2.3
甘南	37847	28	3	10.7

2-B-4.36 各地区地方总承包和专业承包企业主要经济效益指标

地区	产值利润率(%)	产值利税率(%)	资本利润率(%)	资本利税率(%)	人均利润(元/人)	人均利税(元/人)	资产负债率(%)
全省	**3.4**	**7.3**	**13.7**	**29.7**	**10935**	**23635**	**69.4**
兰州	1.8	4.5	9.1	23.0	8181	20756	77.5
嘉峪关	0.6	3.9	3.2	19.6	4338	26884	71.4
金昌	2.7	5.5	27.5	55.8	9447	19178	71.2
白银	4.4	9.7	16.4	36.5	8567	19084	65.2
天水	1.7	5.5	7.5	24.4	5027	16455	73.5
武威	4.7	9.3	18.7	37.5	12491	24969	49.8
张掖	10.4	17.4	16.3	27.3	24799	41477	46.9
平凉	4.4	10.7	21.8	53.2	8831	21522	49.0
酒泉	10.1	14.9	28.7	42.1	27027	39678	54.3
庆阳	5.7	12.4	13.7	30.0	12700	27778	46.3
定西	6.6	12.2	23.5	43.5	15653	29032	50.1
陇南	3.5	10.7	6.6	20.4	6438	19803	63.5
临夏	9.8	18.2	24.5	45.5	14542	27008	38.6
甘南	6.3	12.7	10.1	20.2	11793	23529	36.6

C.总承包建筑业企业

2-C-1 各地区总承包建筑业企业签订合同情况

单位：万元

地 区	签订合同额	上年结转合同额	本年新签合同额
全 省	**33816695**	**14173429**	**19643266**
兰 州	20604966	9473785	11131181
嘉峪关	376878	78804	298075
金 昌	1520735	502684	1018051
白 银	911640	223916	687724
天 水	2168228	766951	1401277
武 威	1243345	315021	928324
张 掖	944938	419206	525732
平 凉	1083362	283393	799969
酒 泉	760747	207385	553363
庆 阳	1177489	343235	834255
定 西	1379151	801194	577958
陇 南	635547	266745	368803
临 夏	679518	305729	373789
甘 南	330150	185383	144767

2-C-2 各地区总承包建筑业企业承包工程完成情况

单位：万元

地 区	直接从建设单位承揽工程完成的产值	自行完成施工产值	分包出去工程的产值	从建设单位以外承揽工程完成的产值
全 省	**17380900**	**17046389**	**334511**	**140796**
兰 州	9532763	9247402	285362	46046
嘉峪关	334682	334527	155	550
金 昌	1129666	1129666		30821
白 银	490714	479841	10873	7553
天 水	1237422	1236050	1372	1775
武 威	809193	805398	3795	4921
张 掖	556536	533176	23361	21111
平 凉	575646	573223	2423	
酒 泉	614764	613283	1482	5557
庆 阳	646237	644598	1639	1577
定 西	639234	639234		1793
陇 南	336260	336007	253	9320
临 夏	399458	395747	3711	9686
甘 南	78325	78238	87	87

2-C-3　各地区总承包企业建筑业总产值和竣工产值

单位：万元

地　区	建筑业总产值	#装饰装修产　　值	#在外省完成的产值	按构成分组 建筑工程产值	安装工程产值	其他产值	竣工产值
全　省	**17187185**	**303514**	**2937509**	**14638780**	**1722963**	**825442**	**7982905**
兰　州	9293448	82151	2342589	7880788	1014975	397685	3502811
嘉峪关	335076	1030	40	299554	22929	12594	176204
金　昌	1160487	14701	368214	829929	185395	145162	449956
白　银	487395	31389	31063	401323	30703	55368	282106
天　水	1237824	97356	124249	1113971	96850	27004	574622
武　威	810320	19731	12099	746411	27003	36906	447687
张　掖	554287	14885	25867	500863	30424	23000	353346
平　凉	573223	2794	30	529988	37454	5781	396770
酒　泉	618840	7831	2065	484626	110277	23937	433423
庆　阳	646175	2318	24362	550897	49844	45434	491691
定　西	641027	14391		559553	75565	5909	422501
陇　南	345326	3850		315885	14942	14499	150754
临　夏	405433	3371	6932	349983	24939	30511	235891
甘　南	78325	7716		75010	1664	1652	65144

2-C-4　各地区总承包建筑业企业房屋建筑面积

地　区	房屋施工面积（万平方米）	#本年新开工	房屋竣工面积（万平方米）	房屋竣工率（%）
全　省	**10003.4**	**4046.3**	**2665.4**	**26.6**
兰　州	5344.7	2158.6	1084.8	20.3
嘉峪关	112.4	67.5	54.9	48.9
金　昌	501.2	203.6	180.8	36.1
白　银	139.8	90.0	54.5	38.9
天　水	1406.5	336.4	253.3	18.0
武　威	352.4	176.7	133.1	37.8
张　掖	401.3	205.9	143.5	35.8
平　凉	339.3	168.0	183.3	54.0
酒　泉	287.8	124.0	148.1	51.4
庆　阳	279.1	178.3	132.6	47.5
定　西	391.3	166.3	138.2	35.3
陇　南	142.9	57.5	38.4	26.9
临　夏	274.3	98.6	99.8	36.4
甘　南	30.5	14.9	20.1	66.0

2-C-5 各地区按主要用途分的总承包建筑业企业房屋竣工面积

单位：万平方米

地　区	合计	住宅房屋	商业及服务用房屋	办公用房　屋	科研、教育和医疗用房屋	文化、体育和娱乐用房屋	厂房及建筑物	仓库	其他未列明的房屋建筑物
全　省	**2665.4**	**1837.7**	**245.1**	**108.9**	**213.6**	**28.5**	**126.5**	**19.7**	**85.4**
兰　州	1084.8	752.3	133.7	24.6	60.3	11.6	62.7	15.5	24.2
嘉峪关	54.9	37.2	5.0		3.0		5.7		4.0
金　昌	180.8	131.3	6.1	1.5	8.0	2.5	30.0	0.8	0.4
白　银	54.5	30.5	5.4	2.9	9.7	0.2	3.8	0.4	1.5
天　水	253.3	188.7	11.6	4.8	25.0	0.5	1.2	0.3	21.1
武　威	133.1	80.8	16.6	6.8	18.2	0.5	3.1	0.1	6.9
张　掖	143.5	106.0	8.4	4.7	7.2	0.6	5.4	0.1	11.1
平　凉	183.3	145.3	11.2	7.1	14.3	3.0	0.1		2.3
酒　泉	148.1	101.1	14.7	13.1	10.7	4.6	2.5		1.4
庆　阳	132.6	78.6	12.7	17.8	12.5	1.6	3.5	1.0	5.0
定　西	138.2	94.9	4.0	7.3	24.4	0.8	4.0	1.0	1.9
陇　南	38.4	21.2	0.6	5.6	3.9	0.2	2.5		4.5
临　夏	99.8	58.3	12.4	8.6	15.3	2.4	1.4	0.3	1.0
甘　南	20.1	11.4	2.6	4.2	1.1		0.6		0.1

2-C-6 各地区按主要用途分的总承包建筑业企业房屋竣工价值

单位：万元

地　区	合计	住宅房屋	商业及服务用房屋	办公用房　屋	科研、教育和医疗用房屋	文化、体育和娱乐用房屋	厂房及建筑物	仓　库	其他未列明的房屋建筑物
全　省	**5450868**	**3417808**	**844453**	**204249**	**457884**	**58548**	**244120**	**12962**	**210843**
兰　州	2501344	1468938	627008	43502	152892	20944	81060	8314	98687
嘉峪关	98664	62337	11547		7222		11769		5788
金　昌	422424	267559	18055	1140	24538	10611	99706	348	467
白　银	117344	72340	10280	7599	15518	356	8328	386	2537
天　水	493638	364949	23238	8603	52362	865	2743	800	40079
武　威	267571	147998	36770	16507	37790	1110	7549	210	19638
张　掖	204809	150233	10432	7565	13733	2035	8206	25	12581
平　凉	251123	188102	25177	7930	22189	4776	280		2668
酒　泉	236831	161721	20094	22430	18980	7519	2795	72	3221
庆　阳	279293	175841	22366	33988	23217	2969	6288	1592	13033
定　西	277655	200441	6193	13004	46560	1408	6061	500	3489
陇　南	61693	32616	814	10674	6589	330	5021		5650
临　夏	195635	106798	23249	22137	31595	5592	3495	650	2119
甘　南	42845	17937	9229	9170	4699	35	821	66	888

2-C-7　各地区总承包建筑业企业施工机械设备情况

地　区	年末自有施工机械设备总台数（台）	年末自有施工机械设备总功率（千瓦）	年末自有施工机械设备净值（万元）	技术装备率（元/人）	动力装备率（千瓦/人）
全　省	**174032**	**3363305**	**599176**	**12613**	**7.1**
兰　州	37846	992910	154471	8570	5.5
嘉峪关	1857	35283	4266	9920	8.2
金　昌	4772	128510	13870	4762	4.4
白　银	8773	127016	27929	12013	5.5
天　水	23890	173925	54422	13713	4.4
武　威	17983	197905	40992	14421	7.0
张　掖	9823	169242	61008	31908	8.9
平　凉	11484	161693	36238	12834	5.7
酒　泉	8837	166050	48789	26364	9.0
庆　阳	11181	139439	40687	12871	4.4
定　西	12112	143258	48349	18826	5.6
陇　南	5427	104823	30567	18928	6.5
临　夏	18705	82687	29333	10934	3.1
甘　南	1342	740564	8254	21235	190.5

2-C-8　各地区总承包建筑业企业主要生产效益指标

地　区	建筑业企业个数（个）	从事建筑业活动的平均人数（人）	按总产值计算的劳动生产率（元/人）	人均竣工产值（元/人）	人均施工面积（平方米/人）	人均竣工面积（平方米/人）
全　省	**1124**	**514194**	**334255**	**155251**	**195**	**52**
兰　州	214	199645	465499	175452	268	54
嘉峪关	31	4756	704534	370487	236	116
金　昌	29	33491	346507	134351	150	54
白　银	50	24759	196856	113941	57	22
天　水	81	40634	304628	141414	346	62
武　威	85	29610	273664	151194	119	45
张　掖	177	23298	237912	151664	172	62
平　凉	52	28601	200421	138726	119	64
酒　泉	90	22836	270993	189798	126	65
庆　阳	65	29705	217531	165525	94	45
定　西	87	26916	238158	156970	145	51
陇　南	99	18197	189771	82846	79	21
临　夏	40	27871	145468	84637	98	36
甘　南	24	3875	202130	168114	79	52

2-C-9 各地区总承包建筑业企业营业收入

单位：万元

地 区	营业收入	#在境外完成的营业收入	企业总产值	#建筑业总产值
全 省	**17469000**	**151812**	**18008653**	**17187185**
兰 州	9201131	140604	9461438	9293448
嘉峪关	327690	3805	342103	335076
金 昌	1134545		1170706	1160487
白 银	549165		509287	487395
天 水	1255624		1247799	1237824
武 威	653712	704	861977	810320
张 掖	700929	5933	645142	554287
平 凉	609361		625027	573223
酒 泉	620747		714023	618840
庆 阳	679473		728935	646175
定 西	648841		664098	641027
陇 南	390937	725	416067	345326
临 夏	564373		513030	405433
甘 南	132472	41	109022	78325

2-C-10 各地区总承包建筑业企业资产构成

单位：万元

地 区	资产总计	#流动资产合计	#存货
全 省	**23493956**	**18245835**	**3978566**
兰 州	14404136	11416097	2479169
嘉峪关	309210	273373	49955
金 昌	1041386	723428	332516
白 银	681623	553561	135510
天 水	1325352	1069863	377960
武 威	599922	439094	60653
张 掖	1180656	839432	123511
平 凉	434433	331913	49420
酒 泉	881142	707965	60767
庆 阳	751029	586062	121020
定 西	713988	488607	79250
陇 南	585549	442310	45834
临 夏	481056	298706	50061
甘 南	104475	75425	12939

2-C-11　各地区总承包建筑业企业固定资产情况

单位：万元

地　区	固定资产原价	固定资产折旧	#本年折旧	在建工程
全　省	**2819554**	**877762**	**126013**	**320453**
兰　州	1116970	360199	55414	82718
嘉峪关	46023	12793	644	2143
金　昌	235583	46336	3498	1722
白　银	114899	41387	8445	1219
天　水	230524	53617	5930	6789
武　威	131945	29389	3558	7379
张　掖	176558	39016	6333	36729
平　凉	102434	36489	5862	3395
酒　泉	177830	79410	10144	10773
庆　阳	152084	50099	5569	73538
定　西	140441	62762	5604	38638
陇　南	75323	24495	8172	26323
临　夏	99105	34325	4917	28217
甘　南	19836	7446	1925	871

2-C-12　各地区总承包建筑业企业负债及所有者权益

单位：万元

地　区	负债合计	#流动负债	#应付账款	所有者权益	#实收资本
全　省	**16810281**	**15004345**	**6209811**	**6683674**	**3816363**
兰　州	11580673	10314206	4517401	2823462	1509775
嘉峪关	222924	222879	114125	86287	64200
金　昌	742316	677989	193442	299070	114210
白　银	454023	415424	165682	227600	121092
天　水	977082	931664	470990	348269	270032
武　威	304176	244024	90876	295746	193516
张　掖	551665	470605	151388	628991	357153
平　凉	214591	199871	63814	219842	113639
酒　泉	475073	424138	143084	406069	220701
庆　阳	343034	325119	73016	407995	294331
定　西	352883	306705	116472	361105	176342
陇　南	367834	283176	52526	217715	177878
临　夏	189458	163646	48046	291598	158941
甘　南	34551	24901	8949	69924	44554

2-C-13 各地区总承包建筑业企业实收资本

单位：万元

地 区	合计	国家资本	集体资本	法人资本	个人资本	港澳台资本	外商资本
全 省	**3816363**	**766130**	**183701**	**1665846**	**1200529**	**100**	**58**
兰 州	1509775	586667	46238	528386	348485		
嘉峪关	64200	4231	14372	25558	20040		
金 昌	114210	5264	1269	63541	44137		
白 银	121092	14442	12070	77436	17144		
天 水	270032	17816	16130	125460	110625		
武 威	193516	10015	2617	94782	86102		
张 掖	357153	27966	8937	163298	156952		
平 凉	113639	16674	8562	53804	34599		
酒 泉	220701	19216	5307	117771	78407		
庆 阳	294331	26281	26480	148847	92566	100	58
定 西	176342	18351	10141	73123	74726		
陇 南	177878	4608	10094	100711	62466		
临 夏	158941	14600	21484	58251	64606		
甘 南	44554			34880	9674		

2-C-14 各地区总承包建筑业企业收入情况

单位：万元

地 区	主营业务收入	#主营业务成本	#主营业务税金及附加	其他业务收入	#其他业务利润
全 省	**16952450**	**15614164**	**163842**	**516550**	**17351**
兰 州	8890380	8385242	41357	310751	7799
嘉峪关	326777	311060	2573	913	275
金 昌	1111182	1044450	9096	23363	537
白 银	506200	459722	10041	42965	373
天 水	1241153	1170528	13772	14471	2040
武 威	640482	567391	11612	13230	-90
张 掖	675813	566550	12490	25117	442
平 凉	608171	553830	10747	1190	54
酒 泉	569836	459490	9014	50911	1352
庆 阳	676717	597843	11006	2757	578
定 西	641866	558019	13281	6975	16
陇 南	384461	345734	7409	6476	3183
临 夏	560656	487126	9118	3717	768
甘 南	118757	107179	2328	13715	24

2-C-15　各地区总承包建筑业企业费用情况

单位：万元

地　区	管理费用	销售费用	财务费用	#利息收入	#利息支出
全　省	**483116**	**52119**	**154595**	**71945**	**184915**
兰　州	229668	10832	89873	65621	136997
嘉峪关	10791	50	876	121	386
金　昌	28747	1686	3137	4471	6889
白　银	15928	1257	1687	-191	421
天　水	28764	1221	8799	1060	7012
武　威	16493	1965	6127	426	3647
张　掖	26878	3964	11194	62	6179
平　凉	13392	2896	3515	3	2715
酒　泉	44048	17465	5779	-209	3026
庆　阳	24295	1855	5086	88	3568
定　西	15972	1870	5921	368	2788
陇　南	12415	3356	8808	136	8183
临　夏	10825	3090	3307	23	2793
甘　南	4902	613	487	-34	312

2-C-16　各地区总承包建筑业企业利润及税金情况

单位：万元

地　区	利润总额	#应交所得税	税金总额	主营业务税金及附加	应交增值税
全　省	**504169**	**115592**	**635087**	**163842**	**471245**
兰　州	109438	25014	240188	41357	198831
嘉峪关	2260	1002	11145	2573	8571
金　昌	31638	8934	32530	9096	23434
白　银	21790	5714	26412	10041	16372
天　水	20349	4630	47055	13772	33282
武　威	38031	9780	37605	11612	25994
张　掖	58827	12993	38369	12490	25879
平　凉	25353	6821	36046	10747	25299
酒　泉	55814	8785	28761	9014	19747
庆　阳	41533	9190	42550	11006	31545
定　西	42373	9427	36206	13281	22925
陇　南	11475	2423	23586	7409	16177
临　夏	40930	9442	29945	9118	20827
甘　南	4358	1438	4689	2328	2361

2-C-17 各地区总承包建筑业企业应收工程款及企业亏损情况

地区	应收工程款(万元)	企业个数(个)	#亏损企业个数	亏损企业的比重(%)
全省	**6734138**	**1124**	**177**	**15.7**
兰州	4205328	214	46	21.5
嘉峪关	118379	31	9	29.0
金昌	167820	29	3	10.3
白银	270570	50	3	6.0
天水	363660	81	9	11.1
武威	186167	85	9	10.6
张掖	316953	177	38	21.5
平凉	120472	52	11	21.2
酒泉	260251	90	12	13.3
庆阳	221919	65	6	9.2
定西	204074	87	9	10.3
陇南	127804	99	18	18.2
临夏	140608	40	1	2.5
甘南	30135	24	3	12.5

2-C-18 各地区总承包建筑业企业主要经济效益指标

地区	产值利润率(%)	产值利税率(%)	资本利润率(%)	资本利税率(%)	人均利润(元/人)	人均利税(元/人)	资产负债率(%)
全省	**2.9**	**6.6**	**13.2**	**29.9**	**9805**	**22156**	**71.6**
兰州	1.2	3.8	7.2	23.2	5482	17512	80.4
嘉峪关	0.7	4.0	3.5	20.9	4752	28185	72.1
金昌	2.7	5.5	27.7	56.2	9447	19160	71.3
白银	4.5	9.9	18.0	39.8	8801	19468	66.6
天水	1.6	5.4	7.5	25.0	5008	16588	73.7
武威	4.7	9.3	19.7	39.1	12844	25544	50.7
张掖	10.6	17.5	16.5	27.2	25250	41718	46.7
平凉	4.4	10.7	22.3	54.0	8864	21467	49.4
酒泉	9.0	13.7	25.3	38.3	24441	37036	53.9
庆阳	6.4	13.0	14.1	28.6	13982	28306	45.7
定西	6.6	12.3	24.0	44.6	15743	29194	49.4
陇南	3.3	10.2	6.5	19.7	6306	19268	62.8
临夏	10.1	17.5	25.8	44.6	14686	25430	39.4
甘南	5.6	11.6	9.8	20.3	11246	23348	33.1

2-C-19　各地区按资质等级划分的总承包建筑业企业单位数

单位：个

地区	合计	特级	一级	二级	三级及以下
全省	**1124**	**5**	**60**	**353**	**706**
兰州	214	3	40	94	77
嘉峪关	31		1	8	22
金昌	29	1	1	7	20
白银	50		3	15	32
天水	81		2	36	43
武威	85		3	22	60
张掖	177			40	137
平凉	52		1	16	35
酒泉	90		1	23	66
庆阳	65		2	28	35
定西	87		4	24	59
陇南	99			8	91
临夏	40	1	2	27	10
甘南	24			5	19

2-C-20　各地区按资质等级划分的总承包建筑业企业期末人数

单位：人

地区	合计	特级	一级	二级	三级及以下
全省	**475046**	**41935**	**177664**	**150184**	**105263**
兰州	180239	27477	119955	25102	7705
嘉峪关	4301		473	2062	1766
金昌	29129	14350	11956	1084	1739
白银	23249		4254	14107	4888
天水	39686		15316	13125	11245
武威	28425		7456	12238	8731
张掖	19120			8135	10985
平凉	28236		2685	13956	11595
酒泉	18506		260	9659	8587
庆阳	31611		3312	18566	9733
定西	25682		6550	9254	9878
陇南	16149			2861	13288
临夏	26826	108	5447	18858	2413
甘南	3887			1177	2710

2-C-21 各地区按资质等级划分的总承包企业建筑业总产值

单位：万元

地区	合计	特级	一级	二级	三级及以下
全省	**17187185**	**2032741**	**8471249**	**3994819**	**2688375**
兰州	9293448	1255373	6738030	954838	345207
嘉峪关	335076		86286	169228	79563
金昌	1160487	776256	301500	41710	41021
白银	487395		105577	267426	114392
天水	1237824		540544	414782	282498
武威	810320		309417	277553	223350
张掖	554287			236540	317747
平凉	573223		93592	278557	201075
酒泉	618840		21828	286779	310234
庆阳	646175		57775	390918	197482
定西	641027		129212	314705	197110
陇南	345326			63686	281641
临夏	405433	1112	87489	272493	44339
甘南	78325			25606	52719

2-C-22 各地区按资质等级划分的总承包建筑业企业签订合同额

单位：万元

地区	合计	特级	一级	二级	三级及以下
全省	**33816695**	**4110056**	**18366358**	**6618155**	**4722126**
兰州	20604966	3017198	15047695	1558956	981116
嘉峪关	376878		78135	200064	98679
金昌	1520735	1091747	320000	52733	56255
白银	911640		165437	427000	319202
天水	2168228		1077747	725524	364957
武威	1243345		540935	403752	298658
张掖	944938			436650	508289
平凉	1083362		375280	422205	285877
酒泉	760747		26265	342466	392016
庆阳	1177489		158858	704390	314241
定西	1379151		386526	675917	316708
陇南	635547			127977	507571
临夏	679518	1112	189480	433097	55829
甘南	330150			107422	222728

2-C-23　各地区按资质等级划分的总承包建筑业企业竣工产值

单位：万元

地　区	合计	特级	一级	二级	三级及以下
全　省	**7982905**	**746889**	**3152427**	**2521276**	**1562313**
兰　州	3502811	366874	2477260	465480	193197
嘉峪关	176204		15559	122230	38415
金　昌	449956	380015	19000	23832	27109
白　银	282106		44937	180970	56200
天　水	574622		234830	161597	178195
武　威	447687		97107	220710	129869
张　掖	353346			150907	202438
平　凉	396770		12766	223451	160553
酒　泉	433423		21828	230181	181414
庆　阳	491691		56881	328610	106200
定　西	422501		106352	205702	110447
陇　南	150754			29820	120934
临　夏	235891		65908	149819	20164
甘　南	65144			27966	37178

2-C-24　各地区按资质等级划分的总承包建筑业企业房屋施工面积

单位：万平方米

地　区	合计	特级	一级	二级	三级及以下
全　省	**10003.4**	**1469.5**	**5086.4**	**2420.0**	**1027.5**
兰　州	5344.7	1105.3	3826.6	313.6	99.2
嘉峪关	112.4		6.8	90.0	15.7
金　昌	501.2	364.2	85.6	25.9	25.5
白　银	139.8		9.5	73.5	56.8
天　水	1406.5		655.1	600.3	151.2
武　威	352.4		202.9	98.6	50.8
张　掖	401.3			228.9	172.4
平　凉	339.3		63.3	168.7	107.3
酒　泉	287.8		7.7	147.6	132.6
庆　阳	279.1		59.6	166.4	53.0
定　西	391.3		107.5	230.6	53.1
陇　南	142.9			63.9	79.1
临　夏	274.3		61.7	199.9	12.7
甘　南	30.5			12.2	18.3

2-C-25 各地区按资质等级划分的总承包建筑业企业房屋竣工面积

单位：万平方米

地 区	合计	特级	一级	二级	三级及以下
全 省	**2665.4**	**314.6**	**1115.6**	**759.0**	**476.3**
兰 州	1084.8	166.6	808.2	80.1	29.9
嘉峪关	54.9		4.8	42.0	8.1
金 昌	180.8	148.0	2.5	21.9	8.5
白 银	54.5		0.4	36.0	18.1
天 水	253.3		116.5	69.5	67.3
武 威	133.1		42.3	56.5	34.2
张 掖	143.5			63.5	80.0
平 凉	183.3		44.1	82.7	56.6
酒 泉	148.1		4.7	79.8	63.6
庆 阳	132.6		21.1	83.1	28.5
定 西	138.2		37.4	69.5	31.3
陇 南	38.4			6.8	31.6
临 夏	99.8		33.7	59.9	6.2
甘 南	20.1			7.8	12.4

2-C-26 各地区按资质等级划分的总承包企业自有施工机械设备台数

单位：台

地 区	合计	特级	一级	二级	三级及以下
全 省	**174032**	**3503**	**36613**	**74378**	**59538**
兰 州	37846	1922	19493	13855	2576
嘉峪关	1857		389	1279	189
金 昌	4772	1551	942	534	1745
白 银	8773		1768	2848	4157
天 水	23890		165	5724	18001
武 威	17983		1760	5973	10250
张 掖	9823			5839	3984
平 凉	11484		3437	5224	2823
酒 泉	8837		92	5793	2952
庆 阳	11181		426	8527	2228
定 西	12112		1090	7479	3543
陇 南	5427			148	5279
临 夏	18705	30	7051	10808	816
甘 南	1342			347	995

2-C-27 各地区按资质等级划分的总承包企业自有施工机械设备总功率

单位：万千瓦

地 区	合计	特级	一级	二级	三级及以下
全 省	**336.3**	**21.2**	**67.2**	**104.6**	**143.4**
兰 州	99.3	14.5	47.6	31.5	5.7
嘉峪关	3.5		2.2	1.1	0.2
金 昌	12.9	6.5	3.0	0.6	2.7
白 银	12.7		5.8	3.9	3.0
天 水	17.4		0.7	6.6	10.1
武 威	19.8		1.6	8.8	9.4
张 掖	16.9			9.1	7.8
平 凉	16.2		1.3	8.9	6.0
酒 泉	16.6		0.9	10.2	5.5
庆 阳	13.9		0.4	9.4	4.1
定 西	14.3		1.9	7.6	4.9
陇 南	10.5			1.4	9.1
临 夏	8.3	0.2	1.8	5.0	1.2
甘 南	74.1			0.4	73.6

2-C-28 各地区按资质等级划分的总承包建筑业企业实收资本

单位：万元

地 区	合计	特级	一级	二级	三级及以下
全 省	**3816363**	**182100**	**1007496**	**1414968**	**1211799**
兰 州	1509775	145600	777720	443824	142631
嘉峪关	64200		6000	25625	32575
金 昌	114210	33000	43643	10110	27458
白 银	121092		10699	59577	50816
天 水	270032		52816	123421	93795
武 威	193516		21090	84583	87842
张 掖	357153			111712	245440
平 凉	113639		13	48631	64995
酒 泉	220701		8325	121085	91291
庆 阳	294331		30188	190854	73289
定 西	176342		20852	73820	81670
陇 南	177878			18973	158906
临 夏	158941	3500	36150	88584	30707
甘 南	44554			14171	30384

2-C-29 各地区按资质等级划分的总承包建筑业企业资产

单位：万元

地 区	合计				
		特级	一级	二级	三级及以下
全 省	**23493956**	**3265555**	**11231994**	**4726957**	**4269450**
兰 州	14404136	2770270	9425019	1319236	889611
嘉峪关	309210		105118	91825	112267
金 昌	1041386	489557	448595	41602	61632
白 银	681623		133991	322081	225551
天 水	1325352		606086	435342	283924
武 威	599922		93640	279761	226520
张 掖	1180656			413962	766694
平 凉	434433		29030	220341	185062
酒 泉	881142		17066	433649	430428
庆 阳	751029		62539	507551	180939
定 西	713988		195038	231012	287938
陇 南	585549			93979	491570
临 夏	481056	5728	115871	303869	55587
甘 南	104475			32747	71728

2-C-30 各地区按资质等级划分的总承包建筑业企业所有者权益

单位：万元

地 区	合计				
		特级	一级	二级	三级及以下
全 省	**6683674**	**670950**	**2098176**	**2095473**	**1819076**
兰 州	2823462	515468	1623336	502198	182459
嘉峪关	86287		17033	29263	39991
金 昌	299070	151923	96195	15483	35470
白 银	227600		20358	121212	86031
天 水	348269		73394	145486	129389
武 威	295746		40292	139246	116209
张 掖	628991			221658	407333
平 凉	219842		21570	107331	90940
酒 泉	406069		13003	208259	184807
庆 阳	407995		30539	271085	106371
定 西	361105		75203	139930	145972
陇 南	217715			20935	196780
临 夏	291598	3559	87252	153630	47157
甘 南	69924			19757	50168

2-C-31 各地区按资质等级划分的总承包建筑业企业负债

单位：万元

地区	合计	特级	一级	二级	三级及以下
全省	**16810281**	**2594605**	**9133818**	**2631484**	**2450374**
兰州	11580673	2254801	7801682	817038	707152
嘉峪关	222924		88086	62562	72277
金昌	742316	337634	352401	26119	26162
白银	454023		113634	200870	139520
天水	977082		532692	289855	154535
武威	304176		53349	140515	110312
张掖	551665			192304	359361
平凉	214591		7459	113010	94122
酒泉	475073		4063	225390	245621
庆阳	343034		32000	236466	74568
定西	352883		119835	91082	141966
陇南	367834			73044	294789
临夏	189458	2170	28619	150239	8430
甘南	34551			12990	21561

2-C-32 各地区按资质等级划分的总承包建筑业企业营业收入

单位：万元

地区	合计	特级	一级	二级	三级及以下
全省	**17469000**	**2089640**	**8001244**	**4238309**	**3139807**
兰州	9201131	1308119	6441987	961992	489032
嘉峪关	327690		86286	139642	101762
金昌	1134545	776256	235740	67999	54550
白银	549165		118346	300520	130299
天水	1255624		498871	439649	317103
武威	653712		172487	247288	233938
张掖	700929			302049	398881
平凉	609361		93592	310972	204797
酒泉	620747		21828	291774	307146
庆阳	679473		57775	430987	190711
定西	648841		119890	292152	236799
陇南	390937			61186	329751
临夏	564373	5265	154442	341489	63177
甘南	132472			50611	81861

2-C-33 各地区按资质等级划分的总承包建筑业企业利税总额

单位：万元

地区	合计	特级	一级	二级	三级及以下
全　省	**1139257**	**62464**	**328471**	**384191**	**364130**
兰　州	349626	36378	212546	57045	43657
嘉峪关	13405		1814	4504	7087
金　昌	64168	25774	30399	2654	5341
白　银	48202		7208	30059	10935
天　水	67404		15820	21697	29887
武　威	75636		9423	35706	30508
张　掖	97195			38243	58952
平　凉	61398		11719	27152	22528
酒　泉	84575		5093	34689	44793
庆　阳	84084		6758	49734	27592
定　西	78580		14031	30824	33724
陇　南	35062			2115	32947
临　夏	70875	312	13662	47509	9393
甘　南	9047			2262	6786

2-C-34 各地区按资质等级划分的总承包建筑业企业利润总额

单位：万元

地区	合计	特级	一级	二级	三级及以下
全　省	**504169**	**12079**	**127231**	**177297**	**187562**
兰　州	109438	4486	75835	14531	14587
嘉峪关	2260		-60	888	1432
金　昌	31638	7530	20766	489	2853
白　银	21790		2030	14214	5546
天　水	20349		1242	5320	13786
武　威	38031		2925	22117	12989
张　掖	58827			20665	38162
平　凉	25353		4868	10304	10181
酒　泉	55814		2369	21968	31477
庆　阳	41533		4183	21839	15511
定　西	42373		7567	15018	19789
陇　南	11475			-165	11641
临　夏	40930	64	5506	29395	5966
甘　南	4358			715	3643

2-C-35　各地区按资质等级划分的总承包建筑业企业税金总额

单位：万元

地　区	合计	特级	一级	二级	三级及以下
全　省	**635087**	**50385**	**201241**	**206894**	**176568**
兰　州	240188	31893	136711	42514	29071
嘉峪关	11145		1874	3616	5655
金　昌	32530	18244	9633	2165	2488
白　银	26412		5178	15845	5389
天　水	47055		14578	16376	16101
武　威	37605		6498	13589	17519
张　掖	38369			17578	20790
平　凉	36046		6851	16848	12347
酒　泉	28761		2724	12721	13317
庆　阳	42550		2574	27894	12082
定　西	36206		6465	15806	13936
陇　南	23586			2281	21306
临　夏	29945	248	8156	18113	3427
甘　南	4689			1547	3142

2-C-36　各地区按资质等级划分的总承包建筑业企业主营业务收入

单位：万元

地　区	合计	特级	一级	二级	三级及以下
全　省	**16952450**	**2056821**	**7737850**	**4147739**	**3010041**
兰　州	8890380	1275300	6188868	940501	485711
嘉峪关	326777		85975	139040	101762
金　昌	1111182	776256	235740	44649	54537
白　银	506200		113465	265235	127500
天　水	1241153		497866	436561	306726
武　威	640482		172091	247232	221159
张　掖	675813			301686	374127
平　凉	608171		93592	310478	204101
酒　泉	569836		21828	291563	256446
庆　阳	676717		57775	429126	189816
定　西	641866		119890	288957	233018
陇　南	384461			61186	323275
临　夏	560656	5265	150761	341453	63177
甘　南	118757			50071	68686

2-C-37 各地区按资质等级划分的总承包建筑业企业管理费用

单位：万元

地区	合计	特级	一级	二级	三级及以下
全省	**483116**	**52067**	**173799**	**138555**	**118695**
兰州	229668	34042	139973	40249	15404
嘉峪关	10791		1928	3976	4887
金昌	28747	16951	8182	1553	2061
白银	15928		5625	6879	3424
天水	28764		8938	12816	7011
武威	16493		2668	5557	8267
张掖	26878			10589	16290
平凉	13392		585	8592	4214
酒泉	44048		713	15614	27721
庆阳	24295		377	13506	10411
定西	15972		1479	8469	6024
陇南	12415			2260	10155
临夏	10825	1074	3330	6130	291
甘南	4902			2367	2535

2-C-38 各地区按资质等级划分的总承包建筑业企业财务费用

单位：万元

地区	合计	特级	一级	二级	三级及以下
全省	**154595**	**12145**	**71361**	**39590**	**31499**
兰州	89873	9401	66110	7742	6621
嘉峪关	876		84	193	599
金昌	3137	2744	133	121	138
白银	1687		368	1024	296
天水	8799		1654	4647	2499
武威	6127		414	4008	1705
张掖	11194			3366	7828
平凉	3515		32	2838	646
酒泉	5779		0	1659	4120
庆阳	5086		468	3494	1124
定西	5921		1904	1857	2161
陇南	8808			6012	2797
临夏	3307		195	2649	463
甘南	487			-19	506

2-C-39　各地区按资质等级划分的总承包建筑业企业应收工程款

单位：万元

地　区	合计	特级	一级	二级	三级及以下
全　省	**6734138**	**758705**	**3198370**	**1459084**	**1317979**
兰　州	4205328	687672	2723177	414883	379596
嘉峪关	118379		52056	33610	32713
金　昌	167820	68179	64443	11461	23737
白　银	270570		70310	149252	51008
天　水	363660		179561	116878	67221
武　威	186167		39666	74271	72229
张　掖	316953			114477	202476
平　凉	120472		5581	61616	53274
酒　泉	260251		14335	114155	131761
庆　阳	221919		996	137949	82974
定　西	204074		38651	85956	79467
陇　南	127804			13264	114541
临　夏	140608	2854	9596	117949	10209
甘　南	30135			13363	16772

D.专业承包建筑业企业

2-D-1　各地区专业承包建筑业企业签订合同情况

单位：万元

地　区	签订合同额	上年结转合同额	本年新签合同额
全　省	**1395947**	**459443**	**936504**
兰　州	1040481	370621	669860
嘉峪关	15987	1541	14446
金　昌	1381	150	1231
白　银	23348	2346	21002
天　水	40349	6971	33377
武　威	59713	25600	34113
张　掖	18609	6879	11730
平　凉	14336	2416	11920
酒　泉	11973	3178	8795
庆　阳	65197	15850	49347
定　西	37464	16677	20787
陇　南	3760	630	3130
临　夏	58226	4700	53526
甘　南	5125	1885	3240

2-D-2　各地区专业承包建筑业企业承包工程完成情况

单位：万元

地　区	直接从建设单位承揽工程完成的产值	自行完成施工产值	分包出去工程的产值	从建设单位以外承揽工程完成的产值
全　省	**880628**	**877346**	**3282**	**15019**
兰　州	674711	673349	1362	4488
嘉峪关	15165	15115	50	147
金　昌	1261	1261		
白　银	18552	18062	491	386
天　水	20025	19894	131	260
武　威	26749	26749		610
张　掖	13621	13441	180	400
平　凉	12036	11564	472	770
酒　泉	9170	8863	307	567
庆　阳	58288	58288		
定　西	11018	11018		7082
陇　南	3205	3180	25	53
临　夏	14406	14406		
甘　南	2421	2156	265	256

2-D-3　各地区专业承包企业建筑业总产值和竣工产值

单位：万元

地　区	建筑业总产值	#装饰装修产　值	#在外省完成的产值	按构成分组			竣工产值
				建筑工程产值	安装工程产值	其他产值	
全　省	**892364**	**169540**	**71873**	**617852**	**208540**	**65973**	**506465**
兰　州	677837	147576	62455	466844	157107	53886	331575
嘉峪关	15262	5322	3000	9312	2861	3089	7042
金　昌	1261			217	619	426	1261
白　银	18448	1535	5808	10260	7361	827	18056
天　水	20154	1971		17140	2273	742	19048
武　威	27359	3940		19410	5503	2447	19820
张　掖	13841	484	296	11009	2743	90	11536
平　凉	12333	144		9696	270	2368	9904
酒　泉	9430	2322		4602	3300	1527	5915
庆　阳	58288	4402	314	34501	23787		48523
定　西	18100	1054		15828	1820	452	15828
陇　南	3233	251		2773	446	13	1585
临　夏	14406			14270	136		13080
甘　南	2412	538		1991	316	106	3290

2-D-4　各地区专业承包建筑业企业房屋建筑面积

地　区	房屋施工面积（万平方米）	#本年新开工	房屋竣工面积（万平方米）	房屋竣工率（%）
全　省	**96.6**	**50.9**	**47.7**	**49.4**
兰　州	19.9	0.1	17.5	87.9
嘉峪关	1.0	0.6		
金　昌				
白　银				
天　水	0.4	0.3	0.2	43.5
武　威	10.0	3.5	4.4	43.4
张　掖				
平　凉	3.0	0.1	2.4	80.7
酒　泉				
庆　阳	13.2	1.6	10.5	79.8
定　西	0.3		0.2	84.4
陇　南				
临　夏	46.4	43.9	10.9	23.5
甘　南	2.4	0.7	1.6	67.3

2-D-5　各地区按主要用途分的专业承包建筑业企业房屋竣工面积

单位：万平方米

地　区	合计	住宅房屋	商业及服务用房屋	办公用房　屋	科研、教育和医疗用房屋	文化、体育和娱乐用房屋	厂房及建筑物	仓　库	其他未列明的房屋建筑物
全　省	**47.7**	**24.8**	**5.6**	**1.6**	**3.9**	**0.3**	**6.5**		**5.0**
兰　州	17.5	12.2	4.4	0.1			0.8		
嘉峪关									
金　昌									
白　银									
天　水	0.2					0.2			
武　威	4.4	1.8	0.6	0.5	1.2	0.1	0.1		
张　掖									
平　凉	2.4			0.8	0.9				0.7
酒　泉									
庆　阳	10.5	0.5			0.3		5.4		4.4
定　西	0.2			0.1			0.1		
陇　南									
临　夏	10.9	9.6			1.3				
甘　南	1.6	0.8	0.6		0.2				

2-D-6 各地区按主要用途分的专业承包建筑业企业房屋竣工价值

单位：万元

地区	合计	住宅房屋	商业及服务用房屋	办公用房屋	科研、教育和医疗用房屋	文化、体育和娱乐用房屋	厂房及建筑物	仓库	其他未列明的房屋建筑物
全省	**65769**	**24078**	**4577**	**2570**	**7527**	**640**	**13184**	**13**	**13181**
兰州	10175	6600	2500	172			860		43
嘉峪关									
金昌									
白银									
天水	360					360			
武威	8516	2860	1116	950	3040	280	240	13	17
张掖									
平凉	4611			1386	1919				1306
酒泉									
庆阳	25935	1528			646		11946		11815
定西	142		37	19			87		
陇南									
临夏	13055	11494			1561				
甘南	2975	1596	924	44	361		51		

2-D-7 各地区专业承包建筑业企业施工机械设备情况

地区	年末自有施工机械设备总台数（台）	年末自有施工机械设备总功率（千瓦）	年末自有施工机械设备净值（万元）	技术装备率（元/人）	动力装备率（千瓦/人）
全省	**12000**	**116117**	**42434**	**16818**	**4.6**
兰州	6578	65034	29337	20881	4.6
嘉峪关	43	1696	1000	40319	6.8
金昌	354	2063	339	42886	26.1
白银	193	399	110	1033	0.4
天水	950	15979	1523	14277	15.0
武威	748	4244	4413	27682	2.7
张掖	1543	906	228	4316	1.7
平凉	376	6689	1390	20259	9.8
酒泉	157	340	126	1980	0.5
庆阳	359	11957	2819	8932	3.8
定西	127	2878	508	7168	4.1
陇南	165	789	388	7097	1.4
临夏	293	2760	210	4482	5.9
甘南	114	383	44	1116	1.0

2-D-8　各地区专业承包建筑业企业主要生产效益指标

地　区	建筑业企业个数（个）	从事建筑业活动的平均人数（人）	按总产值计算的劳动生产率（元/人）	人均竣工产　值（元/人）	人均施工面　积（平方米/人）	人均竣工面　积（平方米/人）
全　省	**329**	**25841**	**345329**	**195993**	**37**	**19**
兰　州	215	14616	463764	226858	14	12
嘉峪关	10	346	441090	203535	29	
金　昌	5	79	159608	159608		
白　银	18	1081	170654	167032		
天　水	15	1037	194353	183686	4	2
武　威	7	1757	155716	112806	57	25
张　掖	9	528	262148	218487		
平　凉	5	676	182445	146506	44	36
酒　泉	10	660	142873	89626		
庆　阳	11	2793	208694	173729	47	38
定　西	9	678	266960	233454	4	3
陇　南	7	659	49053	24056		
临　夏	4	463	311145	282505	1002	236
甘　南	4	468	51532	70303	52	35

2-D-9　各地区专业承包建筑业企业营业收入

单位：万元

地　区	营业收入	#在境外完成的营业收入	企业总产值	#建筑业总产值
全　省	**1014317**	**1619**	**940966**	**892364**
兰　州	736292		701272	677837
嘉峪关	12173		16283	15262
金　昌	1238		1261	1261
白　银	23098		18520	18448
天　水	24956		20950	20154
武　威	37519	100	45278	27359
张　掖	16977		13921	13841
平　凉	13762		12341	12333
酒　泉	14758		10654	9430
庆　阳	59008		58778	58288
定　西	16708	6	18588	18100
陇　南	20168	1513	3692	3233
临　夏	29449		14406	14406
甘　南	8213		5022	2412

2-D-10 各地区专业承包建筑业企业资产构成

单位：万元

地 区	资产总计	#流动资产合计	#存货
全 省	**1493181**	**1258107**	**130677**
兰 州	1165895	1016533	111340
嘉峪关	13751	11255	1214
金 昌	2385	913	179
白 银	25618	22756	1814
天 水	37577	33074	2670
武 威	49979	36054	963
张 掖	23170	16829	983
平 凉	9101	3784	1119
酒 泉	26734	14376	1400
庆 阳	43822	37371	4989
定 西	28966	22123	2291
陇 南	34444	29276	490
临 夏	13548	4526	591
甘 南	18191	9238	635

2-D-11 各地区专业承包建筑业企业固定资产情况

单位：万元

地 区	固定资产原价	固定资产折旧	#本年折旧	在建工程
全 省	**183884**	**80092**	**12015**	**19228**
兰 州	115941	58384	7718	14291
嘉峪关	2265	676	110	458
金 昌	832	309	30	
白 银	3539	1202	238	
天 水	5507	3855	887	1366
武 威	13705	343	102	560
张 掖	6712	2469	1260	
平 凉	3102	1001	283	
酒 泉	7522	1608	621	1559
庆 阳	9701	3481	316	196
定 西	5535	2334	100	492
陇 南	6053	3378	333	250
临 夏	2243	234	10	56
甘 南	1228	819	6	

2-D-12 各地区专业承包建筑业企业负债及所有者权益

单位：万元

地 区	负债合计	#流动负债	#应付账款	所有者权益	#实收资本
全 省	**862871**	**809390**	**288075**	**630310**	**425104**
兰 州	699008	669718	240145	466888	315584
嘉峪关	7677	7674	4228	6074	5671
金 昌	1003	631	270	1382	1145
白 银	6782	5970	1718	18836	14064
天 水	24941	24269	9373	12636	10695
武 威	19298	18152	2695	30681	15541
张 掖	13270	13269	6076	9900	4336
平 凉	2857	2811	796	6244	4416
酒 泉	11471	9095	2778	15263	8816
庆 阳	19365	19341	2796	24457	16800
定 西	19705	7998	3847	9261	7729
陇 南	25885	23459	11867	8559	5217
临 夏	1250	434	172	12298	9150
甘 南	10360	6570	1315	7831	5940

2-D-13 各地区专业承包建筑业企业实收资本

单位：万元

地 区	合计	国家资本	集体资本	法人资本	个人资本	港澳台资本	外商资本
全 省	**425104**	**44076**	**21942**	**177438**	**181518**		**130**
兰 州	315584	40889	13810	131598	129159		130
嘉峪关	5671	127		3844	1700		
金 昌	1145			221	925		
白 银	14064		71	3460	10533		
天 水	10695	1142		5036	4517		
武 威	15541	275		12570	2696		
张 掖	4336	223	1202	1221	1690		
平 凉	4416		2280	1180	956		
酒 泉	8816			8128	688		
庆 阳	16800		980	2236	13584		
定 西	7729		1200	611	5918		
陇 南	5217		1200	1304	2713		
临 夏	9150			6030	3120		
甘 南	5940	1420	1200		3320		

2-D-14 各地区专业承包建筑业企业收入情况

单位：万元

地区	主营业务收入	#主营业务成本	#主营业务税金及附加	其他业务收入	#其他业务利润
全省	**993611**	**852340**	**8541**	**20706**	**505**
兰州	728397	625578	3073	7895	494
嘉峪关	12092	10987	49	81	
金昌	1238	937	78		
白银	22171	19404	120	927	
天水	22901	19977	146	2056	9
武威	29851	27352	543	7668	
张掖	15235	12844	107	1742	1
平凉	13762	11440	92		
酒泉	14758	12468	284		
庆阳	58970	49998	628	38	
定西	16707	11769	154	1	1
陇南	20168	17190	222		
临夏	29449	25543	2785		
甘南	7913	6855	262	300	

2-D-15 各地区专业承包建筑业企业费用情况

单位：万元

地区	管理费用	销售费用	财务费用	#利息收入	#利息支出
全省	**71912**	**12704**	**7534**	**767**	**4688**
兰州	48032	11435	6155	517	3823
嘉峪关	953	82	116	38	76
金昌	152	4	11		11
白银	2749	137	276	1	10
天水	1847	67	306	-3	303
武威	814	251	273	-2	8
张掖	2160		-5	-20	3
平凉	1754		51		33
酒泉	846	98	293	25	215
庆阳	5231	510	-97	115	16
定西	3838	6	120	26	143
陇南	2314	81	-22	66	48
临夏	934	19		4	
甘南	289	16	58		

2-D-16　各地区专业承包建筑业企业利润及税金情况

单位：万元

地　区	利润总额	#应交所得税	税金总额	主营业务税金及附加	应交增值税
全　省	**47328**	**9277**	**44162**	**8541**	**35621**
兰　州	38840	6777	25047	3073	21974
嘉峪关	-47	75	358	49	310
金　昌	75	20	137	78	59
白　银	348	186	762	120	643
天　水	601	104	565	146	419
武　威	1151	482	1534	543	991
张　掖	259	97	1369	107	1262
平　凉	423	193	993	92	901
酒　泉	734	162	343	284	59
庆　阳	2423	822	4945	628	4317
定　西	821	103	710	154	556
陇　南	664	191	1615	222	1393
临　夏	273	47	5377	2785	2592
甘　南	764	18	408	262	146

2-D-17　各地区专业承包建筑业企业应收工程款及企业亏损情况

地　区	应收工程款(万元)	企业个数(个)	#亏损企业个数	亏损企业的比重(%)
全　省	**438320**	**329**	**78**	**23.7**
兰　州	317642	215	57	26.5
嘉峪关	4798	10	3	30.0
金　昌	411	5		
白　银	11078	18	4	22.2
天　水	12408	15	2	13.3
武　威	17078	7	1	14.3
张　掖	10344	9	2	22.2
平　凉	2193	5	2	40.0
酒　泉	6031	10	1	10.0
庆　阳	16455	11	2	18.2
定　西	13627	9	2	22.2
陇　南	18217	7	2	28.6
临　夏	327	4		
甘　南	7712	4		

2-D-18 各地区专业承包建筑业企业主要经济效益指标

地 区	产值利润率(%)	产值利税率(%)	资本利润率(%)	资本利税率(%)	人均利润(元/人)	人均利税(元/人)	资产负债率(%)
全 省	**5.3**	**10.3**	**11.1**	**21.5**	**18315**	**35405**	**57.8**
兰 州	5.7	9.4	12.3	20.2	26574	43710	60.0
嘉峪关	-0.3	2.0	-0.8	5.5	-1358	8997	55.8
金 昌	5.9	16.8	6.5	18.5	9430	26810	42.0
白 银	1.9	6.0	2.5	7.9	3223	10276	26.5
天 水	3.0	5.8	5.6	10.9	5795	11242	66.4
武 威	4.2	9.8	7.4	17.3	6550	15278	38.6
张 掖	1.9	11.8	6.0	37.5	4905	30837	57.3
平 凉	3.4	11.5	9.6	32.1	6257	20945	31.4
酒 泉	7.8	11.4	8.3	12.2	11124	16323	42.9
庆 阳	4.2	12.6	14.4	43.9	8675	26380	44.2
定 西	4.5	8.5	10.6	19.8	12103	22569	68.0
陇 南	20.5	70.5	12.7	43.7	10070	34572	75.2
临 夏	1.9	39.2	3.0	61.7	5886	122009	9.2
甘 南	31.7	48.6	12.9	19.7	16318	25028	57.0

2-D-19 各地区按资质等级划分的专业承包建筑业企业单位数

单位：个

地 区	合计			
		一级	二级	三级及以下
全 省	**329**	**32**	**154**	**143**
兰 州	215	30	120	65
嘉峪关	10		3	7
金 昌	5		1	4
白 银	18		4	14
天 水	15	2	4	9
武 威	7		5	2
张 掖	9			9
平 凉	5		2	3
酒 泉	10		2	8
庆 阳	11		4	7
定 西	9		3	6
陇 南	7		3	4
临 夏	4		3	1
甘 南	4			4

2-D-20　各地区按资质等级划分的专业承包建筑业企业期末人数

单位：人

地区	合计	一级	二级	三级及以下
全省	**25231**	**5114**	**8983**	**11134**
兰州	14050	4724	6184	3142
嘉峪关	248		57	191
金昌	79		18	61
白银	1067		77	990
天水	1067	390	348	329
武威	1594		899	695
张掖	528			528
平凉	686		610	76
酒泉	637		73	564
庆阳	3156		158	2998
定西	708		78	630
陇南	546		62	484
临夏	469		419	50
甘南	396			396

2-D-21　各地区按资质等级划分的专业承包企业建筑业总产值

单位：万元

地区	合计	一级	二级	三级及以下
全省	**892364**	**285367**	**286056**	**320942**
兰州	677837	272198	232168	173472
嘉峪关	15262		4126	11136
金昌	1261		339	922
白银	18448		1833	16614
天水	20154	13169	3684	3301
武威	27359		12309	15050
张掖	13841			13841
平凉	12333		11761	572
酒泉	9430		1351	8079
庆阳	58288		2795	55493
定西	18100		1054	17046
陇南	3233		254	2978
临夏	14406		14381	25
甘南	2412			2412

2-D-22 各地区按资质等级划分的专业承包建筑业企业签订合同额

单位：万元

地区	合计	一级	二级	三级及以下
全省	**1395947**	**388595**	**518920**	**488432**
兰州	1040481	361619	381386	297476
嘉峪关	15987		4328	11659
金昌	1381		339	1042
白银	23348		1804	21544
天水	40349	26976	9459	3914
武威	59713		43413	16300
张掖	18609			18609
平凉	14336		13764	572
酒泉	11973		1792	10181
庆阳	65197		2903	62294
定西	37464		1270	36194
陇南	3760		262	3497
临夏	58226		58201	25
甘南	5125			5125

2-D-23 各地区按资质等级划分的专业承包建筑业企业竣工产值

单位：万元

地区	合计	一级	二级	三级及以下
全省	**506465**	**126056**	**208352**	**172056**
兰州	331575	112887	161335	57354
嘉峪关	7042		3792	3251
金昌	1261		339	922
白银	18056		1804	16253
天水	19048	13169	3186	2693
武威	19820		10320	9500
张掖	11536			11536
平凉	9904		9451	453
酒泉	5915		1042	4874
庆阳	48523		2794	45728
定西	15828		1055	14773
陇南	1585		181	1404
临夏	13080		13055	25
甘南	3290			3290

2-D-24 各地区按资质等级划分的专业承包建筑业企业房屋施工面积

单位：万平方米

地 区	合计	一级	二级	三级及以下
全 省	**96.6**		**68.7**	**27.9**
兰 州	19.9		18.4	1.5
嘉峪关	1.0			1.0
金 昌				
白 银				
天 水	0.4			0.4
武 威	10.0		0.9	9.2
张 掖				
平 凉	3.0		3.0	
酒 泉				
庆 阳	13.2			13.2
定 西	0.3			0.3
陇 南				
临 夏	46.4		46.4	
甘 南	2.4			2.4

2-D-25 各地区按资质等级划分的专业承包建筑业企业房屋竣工面积

单位：万平方米

地 区	合计	一级	二级	三级及以下
全 省	**47.7**		**31.6**	**16.1**
兰 州	17.5		17.4	0.1
嘉峪关				
金 昌				
白 银				
天 水	0.2			0.2
武 威	4.4		0.9	3.5
张 掖				
平 凉	2.4		2.4	
酒 泉				
庆 阳	10.5			10.5
定 西	0.2			0.2
陇 南				
临 夏	10.9		10.9	
甘 南	1.6			1.6

2-D-26　各地区按资质等级划分的专业承包企业自有施工机械设备台数

单位：台

地　区	合计	一级	二级	三级及以下
全　省	**12000**	**3677**	**3433**	**4890**
兰　州	6578	2981	2726	871
嘉峪关	43		10	33
金　昌	354		4	350
白　银	193		3	190
天　水	950	696	86	168
武　威	748		83	665
张　掖	1543			1543
平　凉	376		263	113
酒　泉	157		1	156
庆　阳	359		136	223
定　西	127		49	78
陇　南	165		52	113
临　夏	293		20	273
甘　南	114			114

2-D-27　各地区按资质等级划分的专业承包企业自有施工机械设备总功率

单位：万千瓦

地　区	合计	一级	二级	三级及以下
全　省	**11.6**	**3.7**	**3.2**	**4.6**
兰　州	6.5	2.4	2.6	1.5
嘉峪关	0.2			0.1
金　昌	0.2			0.2
白　银				
天　水	1.6	1.4		0.2
武　威	0.4		0.1	0.4
张　掖	0.1			0.1
平　凉	0.7		0.3	0.4
酒　泉				
庆　阳	1.2		0.1	1.1
定　西	0.3		0.1	0.2
陇　南	0.1			0.1
临　夏	0.3			0.3
甘　南				

2-D-28　各地区按资质等级划分的专业承包建筑业企业实收资本

单位：万元

地　区	合计	一级	二级	三级及以下
全　省	**425104**	**84384**	**184689**	**156031**
兰　州	315584	80160	144998	90426
嘉峪关	5671		745	4926
金　昌	1145		415	731
白　银	14064		1737	12326
天　水	10695	4224	3237	3234
武　威	15541		10579	4962
张　掖	4336			4336
平　凉	4416		3360	1056
酒　泉	8816		2220	6596
庆　阳	16800		4358	12442
定　西	7729		3628	4101
陇　南	5217		1612	3605
临　夏	9150		7800	1350
甘　南	5940			5940

2-D-29　各地区按资质等级划分的专业承包建筑业企业资产

单位：万元

地　区	合计	一级	二级	三级及以下
全　省	**1493181**	**466299**	**513750**	**513132**
兰　州	1165895	448873	426399	290623
嘉峪关	13751		4716	9035
金　昌	2385		690	1695
白　银	25618		5146	20472
天　水	37577	17426	14410	5740
武　威	49979		21565	28413
张　掖	23170			23170
平　凉	9101		7932	1169
酒　泉	26734		5606	21128
庆　阳	43822		7841	35982
定　西	28966		6393	22573
陇　南	34444		3995	30449
临　夏	13548		9058	4491
甘　南	18191			18191

2-D-30　各地区按资质等级划分的专业承包建筑业企业所有者权益

单位：万元

地区	合计	一级	二级	三级及以下
全　省	**630310**	**127559**	**262795**	**239956**
兰　州	466888	122944	210459	133485
嘉峪关	6074		748	5327
金　昌	1382		415	968
白　银	18836		3872	14965
天　水	12636	4615	4823	3198
武　威	30681		10741	19940
张　掖	9900			9900
平　凉	6244		5185	1060
酒　泉	15263		5933	9330
庆　阳	24457		6983	17475
定　西	9261		4163	5098
陇　南	8559		1668	6890
临　夏	12298		7807	4491
甘　南	7831			7831

2-D-31　各地区按资质等级划分的专业承包建筑业企业负债

单位：万元

地区	合计	一级	二级	三级及以下
全　省	**862871**	**338741**	**250955**	**273176**
兰　州	699008	325930	215940	157139
嘉峪关	7677		3969	3708
金　昌	1003		275	727
白　银	6782		1274	5508
天　水	24941	12811	9587	2542
武　威	19298		10824	8474
张　掖	13270			13270
平　凉	2857		2748	110
酒　泉	11471		-327	11798
庆　阳	19365		858	18507
定　西	19705		2230	17475
陇　南	25885		2327	23559
临　夏	1250		1250	
甘　南	10360			10360

2-D-32　各地区按资质等级划分的专业承包建筑业企业营业收入

单位：万元

地　区	合计	一级	二级	三级及以下
全　省	**1014317**	**287181**	**346948**	**380188**
兰　州	736292	273519	267995	194778
嘉峪关	12173		4401	7772
金　昌	1238		440	798
白　银	23098		2286	20813
天　水	24956	13662	8033	3262
武　威	37519		16004	21515
张　掖	16977			16977
平　凉	13762		12237	1526
酒　泉	14758		2288	12470
庆　阳	59008		5242	53766
定　西	16708		2037	14670
陇　南	20168		1029	19139
临　夏	29449		24958	4491
甘　南	8213			8213

2-D-33　各地区按资质等级划分的专业承包建筑业企业利税总额

单位：万元

地　区	合计	一级	二级	三级及以下
全　省	**91489**	**29146**	**27562**	**34781**
兰　州	63887	28558	17909	17420
嘉峪关	311		-1	312
金　昌	212		28	183
白　银	1111		-133	1244
天　水	1166	588	506	72
武　威	2684		1269	1415
张　掖	1628			1628
平　凉	1416		1460	-44
酒　泉	1077		-66	1143
庆　阳	7368		725	6643
定　西	1530		601	930
陇　南	2278		42	2237
临　夏	5649		5222	427
甘　南	1171			1171

2-D-34 各地区按资质等级划分的专业承包建筑业企业利润总额

单位：万元

地区	合计	一级	二级	三级及以下
全省	**47328**	**16065**	**12729**	**18534**
兰州	38840	15792	10483	12566
嘉峪关	-47		-181	134
金昌	75		26	49
白银	348		-244	592
天水	601	273	358	-30
武威	1151		668	483
张掖	259			259
平凉	423		549	-126
酒泉	734		-101	835
庆阳	2423		522	1901
定西	821		553	268
陇南	664		5	659
临夏	273		91	182
甘南	764			764

2-D-35 各地区按资质等级划分的专业承包建筑业企业税金总额

单位：万元

地区	合计	一级	二级	三级及以下
全省	**44162**	**13081**	**14834**	**16247**
兰州	25047	12766	7426	4854
嘉峪关	358		180	178
金昌	137		3	135
白银	762		110	652
天水	565	315	148	102
武威	1534		601	932
张掖	1369			1369
平凉	993		911	82
酒泉	343		35	308
庆阳	4945		204	4741
定西	710		48	662
陇南	1615		37	1578
临夏	5377		5131	246
甘南	408			408

2-D-36　各地区按资质等级划分的专业承包建筑业企业主营业务收入

单位：万元

地　区	合计	一级	二级	三级及以下
全　省	**993611**	**281780**	**335535**	**376296**
兰　州	728397	268118	266334	193945
嘉峪关	12092		4401	7691
金　昌	1238		440	798
白　银	22171		2286	19886
天　水	22901	13662	5987	3252
武　威	29851		8336	21515
张　掖	15235			15235
平　凉	13762		12237	1526
酒　泉	14758		2288	12470
庆　阳	58970		5204	53766
定　西	16707		2037	14670
陇　南	20168		1029	19139
临　夏	29449		24958	4491
甘　南	7913			7913

2-D-37　各地区按资质等级划分的专业承包建筑业企业管理费用

单位：万元

地　区	合计	一级	二级	三级及以下
全　省	**71912**	**20751**	**22003**	**29158**
兰　州	48032	19698	17413	10922
嘉峪关	953		314	639
金　昌	152		73	79
白　银	2749		274	2475
天　水	1847	1053	356	438
武　威	814		433	381
张　掖	2160			2160
平　凉	1754		1659	95
酒　泉	846		258	587
庆　阳	5231		744	4487
定　西	3838		177	3661
陇　南	2314		41	2273
临　夏	934		261	674
甘　南	289			289

2-D-38 各地区按资质等级划分的专业承包建筑业企业财务费用

单位：万元

地区	合计	一级	二级	三级及以下
全省	**7534**	**3566**	**2345**	**1623**
兰州	6155	3272	1792	1091
嘉峪关	116		42	74
金昌	11			11
白银	276		88	188
天水	306	294	11	
武威	273		258	15
张掖	-5			-5
平凉	51		16	35
酒泉	293		1	292
庆阳	-97		-1	-96
定西	120		143	-23
陇南	-22		-2	-19
临夏			-3	3
甘南	58			58

2-D-39 各地区按资质等级划分的专业承包建筑业企业应收工程款

单位：万元

地区	合计	一级	二级	三级及以下
全省	**438320**	**126489**	**137039**	**174791**
兰州	317642	120511	110491	86640
嘉峪关	4798		2474	2324
金昌	411			411
白银	11078		1199	9879
天水	12408	5978	5407	1023
武威	17078		7092	9986
张掖	10344			10344
平凉	2193		1929	264
酒泉	6031		3280	2752
庆阳	16455		1349	15106
定西	13627		613	13014
陇南	18217		2880	15337
临夏	327		327	
甘南	7712			7712

E.劳务分包建筑业企业

2-E-1　各地区劳务分包建筑业企业生产经营情况

单位：万元

地　区	建筑业总产值	营业收入	主营业务税金及附加	利润总额	应付职工薪酬
全　省	**71284**	**72080**	**543**	**51**	**8393**
兰　州	10256	10256	44	22	357
嘉峪关	24287	24287	91	7	327
金　昌	1105	1105	3	122	155
白　银	4422	5484	20	-539	5163
天　水	23712	23712	100	243	329
武　威	300	300	8	1	8
张　掖					
平　凉					
酒　泉					
庆　阳	378	378	1	2	39
定　西	6824	6558	276	194	2015
陇　南					
临　夏					
甘　南					

2-E-2　各地区劳务分包建筑业企业个数和人员情况

地　区	企业个数（个）	从事主营业务活动的从业人员平均人数（人）	从业人员期末人数（人）		
				#工程技术人员	#现场施工工人
全　省	**24**	**3151**	**3267**	**118**	**2650**
兰　州	5	151	152	11	105
嘉峪关	1	1155	600	18	582
金　昌	2	80	63	5	15
白　银	5	456	1070	14	1046
天　水	4	826	800	33	764
武　威	1	3	3	2	
张　掖					
平　凉					
酒　泉					
庆　阳	1		9		
定　西	5	480	570	35	138
陇　南					
临　夏					
甘　南					

附　录

主要指标解释

主要指标解释

研究与试验发展(R&D)　指在科学技术领域，为增加知识总量，以及运用这些知识去创造新的应用进行的系统的创造性的活动，包括基础研究、应用研究、试验发展三类活动。国际上通常采用 R&D 活动的规模和强度指标反映一国的科技实力和核心竞争力。

R&D 人员　指参与研究与试验发展项目研究、管理和辅助工作的人员，包括项目(课题)组人员，企业科技行政管理人员和直接为项目(课题)活动提供服务的辅助人员。反映投入从事拥有自主知识产权的研究开发活动的人力规模。

R&D 人员全时当量　指全时人员数加非全时人员按工作量折算为全时人员数的总和。例如：有两个全时人员和三个非全时人员(工作时间分别为 20%、30%和 70%)，则全时当量为 2+0.2+0.3+0.7=3.2 人年。为国际上比较科技人力投入而制定的可比指标。

R&D 经费内部支出　指调查单位用于内部开展 R&D 活动（基础研究、应用研究和试验发展）的实际支出。包括用于 R&D 项目（课题）活动的直接支出，以及间接用于 R&D 活动的管理费、服务费、与 R&D 有关的基本建设支出以及外协加工费等。不包括生产性活动支出、归还贷款支出以及与外单位合作或委托外单位进行 R&D 活动而转拨给对方的经费支出。

R&D 经费支出中政府资金　指 R&D 经费内部支出中来自各级政府部门的各类资金，包括财政科学技术拨款、科学基金、教育等部门事业费以及政府部门预算外资金的实际支出。

R&D 经费支出中企业资金　指 R&D 经费内部支出中来自本企业的自有资金和接受其他企业委托而获得的经费，以及科研院所、高校等事业单位从企业获得的资金的实际支出。

R&D 项目数　指在当年立项并开展研究工作、以前年份立项仍继续进行研究的研发项目（课题）数，包括当年完成和年内研究工作已告失败的研发项目（课题），但不包括委托外单位进行的研发项目（课题）数。

R&D 项目人员全时当量　指实际参加研发项目（课题）活动人员折合的全时当量。

R&D 项目经费支出　指调查单位内部在报告年度进行研发项目（课题）研究和试制等的实际支出。包括劳务费、其他日常支出、固定资产购建费、外协加工费等，不包括委托或与外单位合作进行项目（课题）研究而拨付给对方使用的经费。

新产品销售收入　指报告期企业销售新产品实现的销售收入。新产品是指采用新技术原理、新设计构思研制、生产的全新产品，或在结构、材质、工艺等某一方面比原有产品有明显改进，从而显著提高了产品性能或扩大了使用功能的产品。既包括经政府有关部门认定并在有效期内的新产品，也包括企业自行研制开发，未经政府有关部门认定，从投产之日起一年之内的新产品。

技术改造经费支出　指报告期内企业进行技术改造而发生的费用支出。技术改造指企业在坚持科技进步的前提下，将科技成果应用于生产的各个领域（产品、设备、工艺等），用先进工艺、设备代替落后工艺、设备，实现以内涵为主的扩大再生产，从而提高产品质量、促进产品更新换代、节约能源、降低消耗，全面提高综合经济效益。

购买境内技术经费支出　指报告期内企业购买境内其他单位科技成果的经费支出。包括购买产品设计、工艺流程、图纸、配方、专利、技术诀窍及设备的费用支出。

引进境外技术经费支出　指报告期内企业用于购买国外或港澳台技术的费用支出，包括产品设计、工艺流程、图纸、配方、专利等技术资料的费用支出，以及购买设备、仪器、样机和样件等的费用支出。

引进境外技术的消化吸收经费支出　指报告期内企业引进国外或港澳台技术的消化吸收经费支出。引进技术的消化吸收指对引进技术的掌握、应用、复制而开展的工作，以及在此基础上的创新。引进技术的消化吸收经费支出包括：人员培训费、测绘费、参加消化吸收人员的工资、工装、工艺开发费、必备的配套设备费、翻版费等。